D1260872

Le Bel Héritage
(collection)

Mon âge d'or

Par Louis-Philippe McComber

Les Éditions
BERTHIAUME

Le Bel Héritage

Éditeur : Les Éditions BERTHIAUME
275, rue Lapointe
Terrebonne, Qué. J6W 3M8
Tél. : (514) 964-6460

Direction de la collection, supervision et révision
des ouvrages : René Berthiaume

Imprimé par Doublimage inc. à Mascouche
Graphisme et mise en page par Créations Top Secret

© Philippe McComber

Dépôt légal — 2ᵉ trimestre 1998
Bibliothèque nationale du Québec
Bibliothèque nationale du Canada

ISBN 2-922259-07-2

En page-couverture: peinture
de Jeanne Roux-MᶜComber.
Gaspésie: on y voit l'auteur, à 89 ans, avec son
arrière-petit-fils, Fréderic, 2 ans.

LA COLLECTION

Assurer, par le moyen du livre, la pérennité d'un patrimoine irremplaçable, tel est l'objectif poursuivi par la création de cette nouvelle collection baptisée *Le Bel Héritage*.

Susciter, parfaire, publier et distribuer des ouvrages se rattachant à notre passé (romans, récits, contes, souvenirs, etc.) écrits par des aînés, tel est aussi le défi auquel nous nous sommes attelés.

Tout en occupant des gens d'un certain âge dans une tâche valorisante et virtuellement lucrative, nous sensibilisons ainsi d'autres générations de Québécois et de Québécoises aux valeurs et à l'histoire de leurs aînés.

L'accès à ce nouveau créneau dans le monde de l'édition devrait combler d'aise toutes les personnes qui ont rêvé un jour de voir leurs ouvrages publiés, même en n'étant pas des écrivains professionnels. Nous croyons qu'elles y ont droit, aux seules conditions que les manuscrits qu'elles nous proposeront soient écrits en prose et qu'ils répondent aux critères suivants : qualité d'écriture (syntaxe, stylistique, etc), pertinence (thèmes se rattachant à la notion du patrimoine), originalité et intérêt général pour le grand public.

Nous remercions tous les organismes et toutes les personnes qui ont contribué, de près ou de loin, à la mise en œuvre et au démarrage de cette nouvelle entreprise.

Longue vie à vos livres et à la collection !

Louis-Philippe McComber

Mon âge d'or

(Journal d'un aîné)
1980-1995

Les Éditions
BERTHIAUME

collection
Le Bel Héritage

À Jeanne, qui m'a tout donné.

À mon frère Albert et à mon fils Michel, tous deux
disparus, mais toujours présents.

À mes enfants Jean, Thérèse, Pierre, Louis.

À mes petits-enfants, neveux et nièces.

À tous mes parents et amis que j'ai connus à Châteauguay,
en affaires, au club Les Ultramontais.

À la lecture de mon livre, il paraît évident que le hasard
n'existe pas. Il est impossible que tout ce qui m'est arrivé
de bon dans la vie ne soit dû rien qu'à moi. Même s'il n'y
avait pas de témoins pour me prouver noir sur blanc que
les anges existent,
j'y croirais quand même, tant j'ai la conviction que ce
sont eux qui ont tout arrangé pour moi.

Arrière-grand-père Philippe

Avant-propos

C'est en 1995 que j'ai entrepris « d'aider » mon père à réaliser un rêve : celui de raconter son cheminement vers la retraite « heureuse ». Peut-être étais-je encouragée par l'achat de mon petit « Mac »; peut-être ma fille Stéphanie, qui y travaillait déjà, m'y a-t-elle incitée.

Étant la seule fille de la famille, j'ai eu tout au long de mon enfance une relation privilégiée avec mon père. Petite, je l'adorais et je lui vouais un culte amoureux sans borne. Sitôt arrivait-il à la maison après ses longues journées de travail, que je m'asseyais sur ses genoux et j'avais avec lui d'interminables conversations.

L'aider à ... publier ? rédiger ? mettre en page ? À quoi ? Je ne le savais pas, mais je me suis tout de même engagée dans l'aventure. Ma motivation profonde était de mieux connaître cet homme qui était mon père.

Philippe McComber a assumé la succession de Joseph-Edmond McComber. Sous son règne, l'entreprise a pris le nom de J.E. McComber Fourrures inc. Fidèle aux enseignements de son propre père, il gérait une petite entreprise familiale qui devait lui procurer les revenus nécessaires pour bien faire vivre sa famille. Cet objectif a été atteint. Ses enfants, j'en témoigne, ont été élevés dans un environnement de luxe et de bien-être. Fidèle à lui-même, il recherchait une qualité de vie pour lui, son épouse et ses enfants. Je crois qu'il y est parvenu. Jusqu'à ce que j'aie atteint l'âge de 12 ans, je me souviens que nous avions des « bonnes » à la maison, plus tard des « femmes de ménage ». Je me souviens aussi que mes parents s'absentaient à tous les ans pour « aller en voyage ». Nous avions deux maisons, une en ville à Outremont et une à la campagne à Châteauguay.

Là où les plans de mon père ont été déjoués, c'est sur la

transmission de l'entreprise familiale à ses fils. L'entreprise MᶜComber est une entreprise de fourrures qui a navigué tout au long du vingtième siècle. Elle a connu trois grandes crises : la grande dépression des années 30, l'avènement de l'ère industrielle et, plus tard, la baisse dramatique des marchés de la fourrure attribuable aux guerres environnementalistes.

En 1930, mon père avait 22 ans. Ses débuts dans la fourrure ont donc été marqués par la crise financière qui a alors affecté le monde entier. Les enfants de la crise sont prudents. Ils investissent de façon sécuritaire le plus possible et détestent les stress qui leur rappellent ces années d'angoisse. Je suis convaincue que non seulement la dépression mais aussi la guerre, qui est survenue peu après, ont causé un traumatisme général qui a laissé des séquelles. Mon père fait partie de cette génération. La sécurité était pour lui une valeur prioritaire. Il a beaucoup sacrifié pour que lui-même et sa famille puissent vivre heureux et dans la tranquillité. Ce sont des valeurs qu'il voulait transmettre à ses enfants qui, ne vivant pas dans le même contexte, avaient beaucoup de réticences à les accepter. Autant dans les affaires que dans leur style de vie, ils remettaient en question la sécurité pour adopter chacun à sa façon, la liberté.

Même si tous nous nous sommes frôlés de près ou de loin à l'entreprise familiale, deux de mes frères ont fortement tenté de prendre la relève : Michel et Louis. Quand Michel s'est retrouvé « au magasin », il venait de terminer un baccalauréat en administration à l'Université Sir George Williams; il était « *bachelor of commerce* ». Dans les années 1955-1965, on était encore dans l'ère de la grande industrie. Le « *think big* » américain faisait encore beaucoup de ravages. Les entreprises familiales de l'époque se faisaient assimiler par les grandes qui devenaient gigantesques. Je crois bien, pour en avoir souvent discuté avec lui, que Michel voulait « grossir » l'entreprise pour que McComber survive. Deux idéologies des affaires se sont alors affrontées : la petite entreprise rentable et tranquille que mon père voulait conserver et l'expansion dont rêvait mon frère. Le tout s'est terminé par la vente de l'entreprise qui a été emportée par la vague de l'industrialisation. C'est ce qui a permis le ressac nécessaire. Le contrat de vente assurait à mon père un emploi pour les jours d'avant-retraite. Par rapport à ses objectifs de vie, son choix était très bon.

Plus tard, Louis a essayé l'ultime tentative. Il se joint à mon père pour former une nouvelle entreprise. Dans les années 80, c'est le début des mouvements anti-fourrures. La demande pour la fourrure est encore très bonne mais diminuera de façon drastique dans les années qui suivront. Louis parvient à découvrir des nouveaux marchés, mais je demeure convaincue que dans la conjoncture économique, même Dieu le Père n'y serait pas arrivé. La jeune entreprise avait peu de chances d'y survivre.

Mon père, Louis-Philippe McComber, raconte dans son journal, 1980-1994, sa lutte pour redémarrer un commerce qui devait non seulement lui permettre de bien vivre pendant sa vieillesse, mais surtout de réaliser le rêve de la transmission de l'entreprise familiale. Il nous dit aussi toutes les difficultés qu'il éprouve pendant son passage à la retraite et comment il retrouve les forces intérieures qui lui permettent d'être heureux et de surmonter les embûches.

Je suis très heureuse d'avoir participé à cet exercice d'écriture. Le plus difficile était sans doute d'amener cet homme à parler de lui, lui qui était plutôt habitué à s'oublier. Comme pour l'anémone de mer, plus il s'ouvrait, plus j'en découvrais la beauté. Tout en retrouvant l'idole de mon enfance, je réussissais à panser les plaies qu'a occasionnées chez moi le passage de l'entreprise familiale à une firme étrangère.

Thérèse McComber

PRÉAMBULE

Mon journal de 1980 à aujourd'hui, c'est l'histoire de mes années d'âge d'or. On est généralement réticent à faire partie de l'âge d'or. On se sent soudainement vieilli, on n'arrive pas à accepter d'être classé parmi les « petits vieux ». Pour désigner la vieillesse, on utilise des euphémismes : c'est le Bel Âge, l'âge d'or, les « seniors » (les « sénieurs » comme disait mon ami et ex-président fondateur du Club, Gérard Désautels); on dit aussi respectueusement « les anciens ». Personnellement, la dénomination que j'aime le mieux, c'est la suivante : « les aînés du TROISIÈME ÂGE ».

J'ai donc fini par accepter que j'étais mûr pour faire partie d'un Club d'âge d'or, comme il en existe dans toutes les paroisses de la province. Je me suis résigné.

Puis, j'ai compris que c'était beau d'avoir atteint le troisième âge ! Le TROIS : chiffre de la plénitude, de la totalité, de l'achèvement. TROISIÈME ÂGE : unité dans la trinité. Une vie est divisée en trois parties : l'enfance, l'âge mûr, la vieillesse, trois états qui font un tout. Je suis devenu triple : père, fils, esprit. Une trinité. Un aîné !

Mon rendement ne me vient pas principalement de mon endurance physique, car me voilà pas plus fort qu'un poux, comme le disait mon beau-père Louis Roux. C'est par l'esprit que l'aîné reste vivant et actif. L'Esprit agit sans bruit, mais le résultat de son action, bien que souvent invisible, n'en est pas moins très positif. C'est par Lui que nous devenons un, un avec Dieu, un dans la famille, un avec les aînés, un avec le reste de l'univers.

Le fait de me joindre à un club d'âge d'or, en ce cas la FADOQ, m'a apporté beaucoup et m'a procuré une occupation agréable, une activité proportionnée à mes capacités.

Normalement, celui qui atteint le troisième âge, enrichi de l'expérience de toute une vie, a un héritage à laisser.

Il a passé, avec plus ou moins de succès, les épreuves de la vie et il est devenu raisonnable. Il a acquis une certaine sagesse qu'il veut partager avec les autres.

Arrivé à la fin de ma vie, c'est dur de constater que je ne peux presque plus rien faire et que la fin approche; le compte à rebours est commencé des années qui me restent sur la terre avant d'aller dans la terre. Vite, écrire ! C'est la fin de l'exercice, il faut remettre ma copie !

Ma copie, en l'occurrence, c'est justement le récit de ma vie dont je veux faire profiter mes descendants.

Ce qui m'empêche de paniquer à l'approche de la fin, c'est de découvrir que l'amour existe, que je l'ai trouvé tout au cours de ma vie, dans ma famille, dans les affaires, dans l'âge d'or, dans l'atelier de lecture/écriture. Qu'importe l'avenir de la planète, la destruction de la terre et la fin de ma vie quand on possède l'Amour avec un grand A ! On possède tout, on possède l'éternité.

Je sais bien que ce récit de ma vie de retraite se résume à bien peu de choses. Rien de sensationnel, rien qui puisse faire la une des journaux. « Mais, comme l'écrit Henri Bergeron, pourquoi une vie simple, harmonieuse, ponctuée de moments de tristesse et de périodes d'enchantement, n'aurait-elle pas aussi le droit de passer à la postérité ? »

Passer à la postérité, nous y aspirons tous, même si on ne veut pas toujours se l'avouer. Quant à moi, ce que je veux surtout c'est partager mon héritage, la grande richesse reçue de mes ancêtres et de tous les grands esprits qui, par leurs écrits et leur vie, ont enrichi mon existence.

Louis-Philippe McComber

1980

RETOUR EN AFFAIRES

Jean-Louis Roux, Louis McComber, Philippe et Jeanne
avec le petit-fils Thomas voué à continuer la tradition McComber

Outremont, janvier 1980
McComber et Fils s'installe

À peine sorti de l'hôpital, en juin 1978, je commence mes premiers jours de retraite et je repars en affaires en même temps. Voilà que j'ai répondu à un appel d'une cliente qui a eu recours à mes services pour acheter un manteau de fourrure, et j'ai décidé tout bonnement que ce serait une agréable activité pour moi de continuer à vendre des manteaux de fourrure.

En passant chez un manufacturier du Gordon Brown Building, j'ai rencontré un certain Yves Forte, un ami, ex-vendeur étoile des Fourrures Reid inc. Il était à son compte, tout comme moi. Après quelques pourparlers avec le propriétaire qui est un jeune manufacturier, nous avons décidé d'y démarrer un partenariat de vente à trois. Dès le début, les ventes étaient bonnes et le stock abondant. Nous étions dans une période de grande demande.

J'étais très conscient de tout le travail et des tracas qu'entraîne l'ouverture d'un nouveau magasin; j'étais quand même heureux d'avoir pris cette décision. Après quelques mois d'opération, le coût du loyer avait été haussé à un montant que nous trouvions beaucoup trop élevé. Nous avons donc quitté ce premier local. J'ai acheté le bail et la manufacture de Reller Goodman qui était sise juste à côté. au local 404.

Dès lors, l'affaire était en marche avec le dénommé Yves Forte. C'est à ce moment que j'ai fait appel à Louis, avec qui j'ai formé l'entreprise familiale Ls-P. McComber & Fils enr. Je trouve encourageant que Louis se soit joint à moi. Je me réjouis du plaisir de renouer les relations avec mes clients et clientes que j'aime bien servir.

Outremont, 2 janvier 1980

Mon retour en affaires ne me prive pas de ma vie de famille et de mes petites sorties mondaine.

Nous avons passé le traditionnel repas du jour de l'an dans la famille Boucher à Ottawa. Alice, comme à l'habitude, a préparé d'énormes quantités de nourritures délicieuses. Elle commence les préparatifs un mois à l'avance. Les cretons, les beignes, les biscuits de toutes sortes garnissent les armoires à provision. C'est François qui a coupé en fines tranches l'immense rôti de bœuf pendant que chacun se servait des légumes à son goût. Les cousins Boucher sont très joyeux et chaleureux. Ils se taquinent amicalement entre eux, ce qui rend l'atmosphère très détendue.

Louis et ses deux enfants Thomas et Noémi, qui sont venus avec nous, ont bien apprécié rencontrer leurs cousins et savourer la bonne cuisine de tante Alice. La visite que nous avons effectuée au Musée National et la projection d'un documentaire très évocateur sur la vie des Esquimaux les a bien emballés.

Dimanche passé, Jeanne et moi sommes allés souper et danser au restaurant Rustik avec Arthur et Henriette Marchand. Nous fêtions en même temps le 74ᵉ anniversaire de naissance de « l'oncle Arthur ». Mon ami Arthur est un très bon danseur et il est très heureux d'accepter les invitations de ces dames, qui ne demandent pas mieux que de l'avoir comme partenaire.

9 janvier 1980

Souper de famille chez Jean-Louis

Jean-Louis Roux, mon beau-frère, et Monique son épouse, ont reçu somptueusement toute la famille dans leur magnifique demeure sur la rue Blue Crescent. Jean-Louis veut continuer la bonne tradition des réunions de famille.

En fouillant dans les imposants rayons de sa bibliothèque, j'ai découvert une autobiographie de Jean-Louis Barrault que j'ai parcourue rapidement et que Jean-Louis a gentiment accepté de me prêter. C'est un livre que j'ai dévoré et qui a augmenté l'admiration que je porte aux grands artistes du théâtre et spécialement à lui, Jean-Louis Barrault, comédien, compositeur, poète, philosophe engagé, grand propagandiste de la culture française dans le monde.

31 janvier 1980

Louis a vendu un manteau de mouton de Perse. Cela m'a fait bien plaisir ! En effet, c'est avec du mouton de Perse que McComber a fait sa réputation et je suis fier que l'on continue à vendre cette magnifique fourrure qui a fait notre succès dans le passé.

La simple vente d'un manteau de mouton de Perse

évoque en moi des souvenirs du passé. Comme je serais heureux de faire revivre la vente des agneaux Karakul qui étaient si populaires autrefois !

Outremont, 6 avril 1980
Dimanche de Pâques — Résurrection

Je discute parfois de l'existence de Dieu avec les miens. Si Dieu existait, a dit l'un d'eux, Il ne permettrait pas toutes les atrocités et les misères de la terre. C'est l'objection classique.

J'ai eu l'occasion de lire André Frossard. Il a publié récemment un livre, intitulé *Dieu existe, je l'ai rencontré*. Il y raconte qu'il a vu Dieu. Il est difficile d'avoir un témoignage plus convaincant. « Je l'ai rencontré fortuitement — je dirais par hasard, s'il entrait du hasard dans cette sorte d'aventure — comment le décrire.... c'est un cristal indestructible, d'une transparence infinie, d'une luminosité presque insoutenable (un degré de plus m'anéantirait) et plutôt bleue, un monde, un autre monde d'un éclat et d'une densité qui renvoient le nôtre aux ombres fragiles des rêves inachevés. »

Je crois ce témoignage comme je crois ce que dit le médecin Robillard, directeur de la Fédération des omnipraticiens qui revient de l'Éthiopie et qui dit qu'il a vu la pauvreté et la misère.

Pourquoi m'obstinerais-je à croire que des personnes font des déclarations dans le seul but de me tromper ?

Châteauguay, 17 juin 1980
Les Floralies

C'est la dernière fin de semaine à Châteauguay avant les vacances. Ce soir, Jeanne et moi sommes allés à l'Ile Notre-

Dame voir les Floralies. C'est un spectacle ravissant !
Je pense que les fleurs enjolivent la vie. Il me
semble que toutes ces fleurs se multiplient autour de moi.
Il y a maintenant des milliers de jardiniers qui pratiquent
l'horticulture d'aménagement, ce qui a pour effet de semer
la beauté à travers le pays. Ce commerce rémunérateur qui
n'existait pas auparavant s'est développé considérablement
ces dernières années.

Châteauguay, 6 juillet 1980
Les fleurs, les affaires

J'ai photographié la maison en vue de préparer une
publicité pour la mettre en vente. Il me fait drôle de penser
que je pourrais un jour vendre cette demeure à laquelle je
suis si attaché sentimentalement. Mon Châteauguay... une
grosse maison en briques solides avec de nombreuses pièces
que mon épouse a si soigneusement décorées, un terrain
vaste surplombé de pommiers prolifiques sur lequel nous
avons planté des milliers de fleurs, un court de tennis et une
piscine qui faisaient le bonheur de nos enfants et petits-
enfants ! J'arrive à me convaincre qu'après tout, ce ne sont
que des souvenirs. On ne peut vivre que dans le passé. Il n'y
a que le présent qui existe. Et le présent, actuellement, c'est
Outremont où l'on vit intensément.

Samedi, j'ai vendu un manteau de vison « Black
Diamond » à un pilote espagnol. On l'a fabriqué sur mesure
pour son épouse. Il en prendra livraison la semaine
prochaine.

Nous faisons des ventes dans tous les coins du monde et
c'est bien réjouissant. Dernièrement, nous avons vendu une
magnifique étole de vison saphir à un riche homme
d'affaires des Émirats Arabes Unis, un vison naturel foncé
à un propriétaire d'un immense Centre d'achat à Sydney,

Australie; un autre vison femelle à l'épouse de Dubos, chef d'orchestre renommé de la Côte du Pacifique. Un directeur de l'OPEP, habitant Genève, nous commande un vison « perlé » pour son épouse.

Je trouve ce genre de vie plus intéressant que celui d'entretenir la propriété de Châteauguay, laquelle est d'ailleurs trop grande pour nos besoins.

Et j'ai photographié ma petite-fille Stéphanie dans les passe-roses près de la vieille maison... Une belle fleur ! Comparable aux plus belles des floralies !

Châteauguay, 16 juillet 1980
Journal de vacances

Claude Mauriac a dit : « Je n'existe que dans la mesure où je m'exprime. C'est une certitude qui s'impose à moi soudain. Je m'étonne de ce journal desséché. Je me dis : Vas-y, crache ce que tu sais, ce que tu sens, ce que tu vois, pauvre âme fuyante... Oui, l'expression est indispensable à l'être. Mon amitié pour ceux du Club, par exemple, ne m'empoigne que dans la mesure où je la transpose... ou plutôt que j'en parle. »

Cet après-midi, j'ai visité Terre des Hommes avec Jeanne et Stéphanie. Je me sens heureux. Je suis en vacances. À la Place de la Joie, l'orchestre Do-Ré-Mi invitait à la danse avec des valses, des tangos et des sambas. Jeanne et moi y avons répondu. Comme toujours, nous adorons danser. Ces musiques envoûtantes nous mettaient des fourmis dans les jambes.

Le retour en affaires a beau être exaltant et excitant, il est exténuant et pénible par instants. La dernière semaine a été épuisante.

C'est un contraste avec aujourd'hui. Le soleil, la paix,

l'espoir sont revenus. On vit dans un monde de contrastes. Lorsque le soleil disparaît, le temps devient pluvieux, sombre et triste. Puis, le soleil revient et c'est la lumière, la chaleur; c'est Dieu. Il faut savoir attendre. Quand il pleut, on sait que le soleil est toujours là, caché, et qu'il reviendra toujours.

Assis au soleil, je continue ma lecture de Mauriac. J'y trouve des pensées qui semblent écrites pour moi:

« Et puis, j'ai pu formuler cette chose que je savais sans savoir depuis longtemps : tout fils est père de son père. » *(The child is the father of the man*, un vers de Woodsworth).

Tout s'enchaîne et marche normalement. Que de pensées j'aurais à écrire !

Je pense à moi qui ai aidé mon père à écrire ses mémoires, à ma fille qui m'a aidé à les publier... Je pense à Louis qui s'est joint à moi et m'encourage dans ce que nous faisons ensemble pour démarrer une entreprise... Le fils ou la fille qui jouent par rapport à moi le rôle que moi, le fils, je jouais par rapport à mon père.

« Je ne prie jamais et, pourtant, ma vie tout entière et le moindre de mes gestes me semblent exprimer une totale et profonde prière. »

Claude Mauriac cite souvent Valéry, le sage, qui écrit qu'il craint d'être un raté.

« L'esprit ne compte plus, les carrières de l'esprit n'ont aucun avenir. Ce qui m'inquiète pour mon fils François qui n'a aucune vocation fixe, bien que très doué, et qui sera peut-être ce que j'ai failli être, un raté. »

Qu'est-ce qu'un raté ? Qu'est-ce qu'un homme qui a réussi ?

« Mon œuvre, espérance de survie. »

« Mais il existe un nœud que l'écrivain ne rompra pas, fut-ce d'un coup d'épée, ce qui le lie à ce qu'il a écrit, à son « œuvre », ou plutôt à cette image de lui-même que par

l'écriture il a donnée à son époque, ou qu'il croit avoir donnée, cette folle espérance de survie dans la mémoire des hommes, cette idée d'un vestige ineffaçable, d'un pas miraculeusement arrêté, dessiné pour toujours dans la poussière du chemin. » (François Mauriac, *Nouveaux Mémoires Intérieurs*).

Saint-Jules-de-Cascapedia, Gaspésie
22 juillet 1980

Voilà que les vacances se continuent en Gaspésie. Nos petits-fils Philippe-Aubert et Nicolas nous accompagnent. Jeanne et moi aimons beaucoup être entourés de nos petits-enfants.

Le 22 juillet me rappelle l'anniversaire de naissance de mon frère Raymond qui est né en 1900. Il a été inhumé le 23 juillet 1958. Je songe à mon père disparu en 1949. « *Quelle hypocrisie que j'aie pu perdre mon père et de continuer de vivre comme si de rien n'était !* » (Mauriac)

Comme toujours, je reviens dans le présent. Ce qui se passe ici est incroyable ! Par ma fille, je réalise mon rêve de vivre près de la terre, loin du bruit de la ville. De l'endroit où je suis assis à la table de cuisine, je vois couler la rivière Cascapédia aux rives verdoyantes et ombragées par de gros arbres centenaires. J'entends le caquetage des hirondelles qui volettent de la cuisine d'été à la galerie. Blondin, le chien, dort pendant qu'un merle me chante une mélodie. L'horloge maintient son tic-tac rapide et régulier qui seul me rappelle que je vis dans le temps.

Pendant que je rêvasse, le temps s'écoule, vite, vite, et je perds des secondes, des minutes, des heures ! Pourtant la tâche est loin d'être terminée ! Suis-je un raté ?... Que puis-je faire dans l'immédiat pour ne plus avoir à me le demander ? Puisse ce moment de réflexion m'éclairer !

Il me pèse d'être inactif quand je vois tout ce qui se

passe ici. Ma fille s'est installée dans un endroit où il n'y a pas d'électricité et elle a toute la misère du monde à faire amener le courant chez elle. Toutes les tâches sont donc plus compliquées. C'est incroyable de voir toute la somme de travail dépensée simplement pour s'établir, pour prendre racine ici, en Gaspésie. C'est de la création; c'est grand, c'est emballant ! Et je me mets à l'ouvrage en espérant que ma participation allège un peu la tâche de tout le monde.

Saint-Jules-de-Cascapedia, 29 juillet 1980
C'est congé et je rêvasse depuis le matin. Il me semble que j'ai une œuvre à accomplir, un travail à faire que j'ai commencé. Il faut que j'y mette un tout petit effort pendant que je vis.

Devant une multitude de tâches, je ne sais pas par où commencer et j'ai peur simplement de ne rien faire. Je voudrais faire quelque chose de durable, quelque chose qui va continuer d'exister après ma mort...

Jeanne arrive avec des provisions pour le dîner. Elle vit dans la réalité, ma femme. Elle s'inquiète beaucoup pour les autres et elle s'oublie trop souvent. Elle ne perd pas de temps à se demander ce qu'elle pourrait faire, elle le fait.

Par où vais-je commencer ? À l'œuvre ! Et, le soir venu, j'avais fini de peinturer les chaises de parterre et j'avais commencé à tondre le gazon.

Une pensée de Valéry :

« Un homme a de l'esprit quand il manifeste une certaine indépendance à l'égard d'une attente commune. Il produit une surprise qui le fait paraître plus libre, plus rapide, plus perspicace que ses semblables. Ils demeurent étonnés et un peu scandalisés comme le seraient une bande de quadrupèdes d'avoir vu s'envoler d'entre eux et au-dessus des murs qu'ils croient les enfermer l'un d'eux qui était secrètement ailé.»

Montréal, 5 décembre 1980
Lancement des *Mémoires* de Joseph-Edmond McComber

Enfin se réalise pour moi un événement longtemps attendu : la publication du livre des Mémoires de mon père. C'est un livre qu'il a écrit à ma demande et avec ma collaboration.

Je crois que c'est une publication d'une grande importance parce qu'elle révèle l'histoire d'un homme qui a su se tirer d'affaires avec les seules ressources de son talent et de sa volonté. C'est non seulement un document historique, mais aussi un modèle d'entrepreneurship pour ceux et celles qui pensent à la carrière rude et avantageuse des affaires.

Thérèse avait rencontré Jean-Pierre Wallot à qui elle a fait lire le manuscrit et qui lui a trouvé non seulement une valeur éducative, mais aussi une valeur historique et patrimoniale. Il a lui-même écrit la préface et Rita Wallot a établi le texte. C'est grâce à eux et d'un d'un octroi du conseil des Arts du Canada si le livre a pu être édité chez HMH.

Le lancement du livre s'est fait solennellement au nouvel édifice de la Chambre de commerce de Montréal sur le Beaver Hall Hill en même temps qu'un défilé de modes de fourrures par la compagnie McComber et Fils Enr. Louis s'est occupé de tout. J'étais aussi heureux que le jour de mes noces. Je remplis une promesse que j'avais faite à mon père avant sa mort et je suis fier de mes enfants qui m'aident à réaliser tout cela. Les Mémoires de mon père sont importants parce qu'ils comportent un message essentiel : la formule pour réussir dans la vie.

1981
AU PAYS DES ANCÊTRES

La maison de William Maycumber reconstruite et habitée par Ethel Macomber, la femme de feu Paul Macomber de Marshfield. Thomas et Noémi, fils et fille de Louis, à côté de la borne qui servait à attacher les chevaux.

Ottawa, 1er janvier 1981
Jour de l'An

J'attends patiemment le train à la gare Centrale en griffonnant mon journal pendant que Jeanne est allée s'acheter de la lecture. Nous sommes en route vers Ottawa où, comme l'an dernier, nous allons passer le jour de l'An dans notre deuxième famille, les Boucher, qui ont des origines acadiennes dont ils sont fiers. Émile Boucher a marié Alice Roux, la sœur de Jeanne.

En roulant dans le train, je me plais à me rappeler le souper gastronomique que nous avons pris chez Jean et Louise, hier soir. Pierre y était avec ses enfants, Philippe-

Aubert et Nicolas, et, bien sûr, les enfants de Jean et Louise : Éric et Vincent.

Jean a choisi la carrière de psycho-éducateur. Il s'est laissé emporter par ce petit côté missionnaire, sans doute héréditaire, qui hante les McComber. J'étais désappointé quand il a quitté le magasin. Comme mon père, j'ai toujours espéré avoir un fils pour me succéder. De plus, je voyais dans les affaires un plus bel avenir pour lui. Je constate aujourd'hui que son jugement a été meilleur que le mien puisqu'il semble bien heureux dans cette vocation.

Absorbé dans mes pensées, je n'ai pas vu le temps passer et je réalise que le train va bientôt toucher la gare. Je dois donc m'affairer à sortir les valises et à remettre mon manteau afin d'être prêt à affronter le froid du dehors.

Outremont, 12 janvier 1981
Mort de Lanza Del Vasto

J'ai été frappé en lisant le journal du matin par la mort de Lanza Del Vasto que j'admire beaucoup. Je crois qu'il a su mêler l'action et la parole. Pour lui, « *la science est le plus formidable renouvellement du péché originel* ». Les peuples se crétinisent par appétit du gain. « *L'armement nucléaire est une absurdité, un crime contre l'humanité.* »

Je l'ai perçu comme un homme de prière qui prêchait le retour à la vie simple, à l'artisanat et à l'obéissance au message du Christ.

Outremont, 25 janvier 1981
C'est dimanche et nous sommes revenus de la messe à l'église Saint-Viateur. J'aime l'atmosphère du dimanche à la maison qui est tout ensoleillée et chaleureuse. De la cuisine parvient une bonne odeur de rôti d'agneau. En attendant le

succulent dîner, j'offre à Jeanne un apéritif et j'en profite pour continuer le recueillement de la messe. Enfin, un moment de répit après la semaine de vie trépidante et fiévreuse du magasin !

Je viens de lire Jean Vanier : « *Ne crains pas ! Nous devrions apprendre à nous réjouir du don d'aujourd'hui !* »

Malgré moi, je suis envahi par la pensée de toutes les urgences qui se pointent au travail : il ne faut pas oublier de commander les étiquettes d'entreposage... la liste de prix... inventaire... publicité... comptabilité... et j'essaie de me concentrer sur le moment présent, dans le calme...

Je repense à la messe de ce matin .

« *Le Christ ne m'a pas envoyé pour baptiser, mais pour annoncer l'évangile et sans avoir recours à la sagesse du langage humain, ce qui viderait de son sens la croix du Christ.* »

Cette parole de Saint Paul me fascine. Je comprends qu'il veut dire que les grands discours et les sermons éloquents sont moins nécessaires que les gestes et l'action.

Ce serait tellement beau si nous pouvions éviter les disputes et vivre en harmonie les uns avec les autres !

Encore malgré moi, je songe à Châteauguay... Il y a tant à faire pour entretenir la propriété. Moi qui essaie d'enseigner aux autres comment faire, je ne réussis pas à faire tout ce que je dois faire.

En plus, je dois préparer un voyage en France. Vraiment, c'est trop ! J'ai peur de m'affoler et de ne rien faire.

Outremont, 1er mars 1981

Ce matin, je me sens encore en contradiction avec moi-même. Moi qui me plais à vivre intensément le moment présent, je me surprends à dire : « j'ai hâte ». Ce n'est pas mieux que de s'apitoyer sur le passé ! Mais ce matin, j'ai hâte... j'aimerais pouvoir sauter au mois de juin pour voir comment je m'en suis tiré.

Aurai-je fait un voyage en France ? Aurai-je réussi à accomplir toutes les tâches que je me suis assignées ?

Je suis certain que la Providence continuera de m'être favorable. Je me rappelle le tout début de mon recommencement en affaires. Nous étions un jeudi et nous n'avions pas assez d'argent en caisse pour le retrait hebdomadaire. Nous nous inquiétions quand, soudainement, survient une vente d'un manteau de vison usagé qui nous a rapporté le montant nécessaire.

Pourquoi s'inquiéter du lendemain ?

Aix-en-Provence, 16 mars 1981
Au pays des ancêtres

Ce sont des circonstances spéciales qui ont facilité le choix que nous avons eu à faire pour nos vacances. Nos neveux, Jean-Louis et Yolaine Boucher, faisaient un stage d'études en Provence. Ils nous ont invités à les visiter pendant leur séjour en France.

L'ambiance romantique de l'ancienne France et la gentillesse de mes neveux font que j'ai fait un des plus beaux voyages de ma vie.

Jean-Louis nous a amenés dans les Alpes au petit village de Bonvillard qui est le lieu de naissance du grand-père de Jeanne, Isidore Roux. La petite Renaud a réussi à grimper avec beaucoup d'efforts. Nous avons été reçus chaleureusement par Cécile et Jean Roux et la tante Julie. Nous avons aussi visité la vieille maison de Léonce Berthier, une cousine. Elle y vit seule avec son fils. J'ai été impressionné par la grande cave qui sert à conserver les pommes de terre pendant l'hiver. Ce soir-là, nous avons couché à Albertville.

Ottawa, 3 avril 1981
Marielle n'est plus

Malheureusement, toutes les bonnes choses ont une fin et nous sommes rentrés à Montréal. À notre arrivée, nous avons appris le décès de notre nièce Marielle. Elle était atteinte de leucémie, mais elle avait subi une greffe de la mœlle qui nous avait permis d'espérer sa guérison. C'est tellement triste. Sa famille est désemparée. Elle n'avait que 40 ans et était la mère de quatre jeunes enfants: François, Rachel, Yves et Grégoire.

Nous nous étions beaucoup attachés à Marielle. Elle avait habité Châteauguay dans un logement de notre vieille maison, puis à Léry sur le Lac Saint-Louis. Nous étions aussi allé la voir à San Francisco où elle étudiait à l'Université de Berkeley.

Marielle était la grande amie d'enfance de ma fille Thérèse. Quand les deux familles se rencontraient, c'était une fête pour les deux amies.

Pourquoi Dieu vient-il chercher des êtres qui ont une telle valeur et dont on a tellement besoin ?

Outremont, 11 avril 1981
Thérèse et la vie en Gaspésie

Aujourd'hui, c'est le samedi avant la Semaine sainte. Thérèse est venue nous visiter avec Geneviève, Frédéric et Stéphanie.

Ce soir, j'ai eu une conversation sérieuse avec elle. J'essaie de la comprendre. Elle m'a parlé de Saint-Jules. Elle et Léo entreprennent l'élevage du vison et ils ont acheté cinquante femelles et dix mâles. Ce que je comprends, c'est qu'elle recherche une forme de sécurité, ce que son installation sur une ferme lui apporte. C'est du moins ce qu'elle m'assure.

Elle parle de la situation mondiale et de tout ce qui menace la paix : la faillite de l'économie occidentale et de la situation désastreuse de la Pologne. Elle craint la course aux armements.

Saint-Jules, pour elle, est un abri. Elle vise l'autosuffisance de sa ferme et, quoi qu'il arrive, elle pourra se débrouiller. Elle sait d'ailleurs comment se tirer d'affaires sans électricité.

Elle et Léo ont rêvé à la vie en mer et aux grands voyages. Elle ne réalise pas tout à fait cela puisqu'elle doit beaucoup travailler et lutter. C'est difficile mais elle possède quand même le grand air et la poésie de la campagne.

Je crois que ma fille est comme moi. Elle recherche le bonheur. Je pense qu'on rêve au bonheur, mais qu'on ne l'atteint jamais complètement. Elle ne prend pas la même route que moi. Elle désire être libre. Est-ce possible de faire ce qu'on a le goût de faire et vivre ? D'autre part, contrairement à moi, ma fille refuse de se conformer. Elle cherche beaucoup. Mon idée est que cette recherche de bonheur, c'est déjà du bonheur.

Mais quelle que soit la route qu'on prend, on s'énerve et on s'inquiète. J'ai senti que Thérèse s'inquiétait. Elle voudrait que ses enfants soient en sécurité mais, sécurité et liberté sont deux extrêmes qui ne sont pas nécessairement compatibles.

L'inquiétude ou, mieux, l'énervement qui pousse à l'action fait partie du bonheur. Pour moi, le bonheur réside maintenant dans le travail fait patiemment et avec amour. Ce qui est important, c'est ce qui est beau, bon et bien; c'est la présence de Dieu dans l'instant présent. Et Dieu, nous le possédons. « *Tu ne me chercherais pas, si tu ne m'avais déjà trouvé* », a dit Pascal.

Outremont, 13 mai 1981
On a tiré sur Jean-Paul II

Aujourd'hui, j'ai assisté à la messe de 11 heures à l'église du Gésu. J'aime bien quitter le magasin et assister à une messe pendant mon heure de dîner. En me rendant à l'église, j'entendais le carillon de la Christ Church Cathedral. C'est une psalmodie qui invite à la prière.

Le père Gingras nous a appris une nouvelle stupéfiante. On a tiré sur Jean-Paul II. Le gens pleuraient en entendant cette annonce.

Le soir à la télévision, les comptes rendus se voulaient plus rassurants. On apprenait que l'état du Saint Père était satisfaisant et qu'il était hors de danger.

De tels actes me rappellent que Satan existe et qu'il est déchaîné. Il s'empare de l'esprit humain et l'incite à des actes meurtriers.

Où sont-ils ceux qui sont responsables que de tels êtres existent ? Est-ce la société qui engendre le malheur au point que les gens deviennent désespérés ?

Châteauguay, 17 mai 1981
Concilier paix et souffrance

Comme tous les matins, je me suis réveillé assez tôt. C'est dimanche, il fait beau et le solarium est plein de lumière. J'attends la messe de 11 heures. J'ai fait le tour du jardin potager et j'ai récolté une bonne douzaine d'asperges. Le gazouillis des oiseaux me rappelle étrangement celui que j'entendais en me rendant à l'école du village. Les cloches de l'église annoncent la messe de 9 heures. Mais, voilà que le bruit de la tondeuse les fait taire. C'est Alain qui commence à tondre le gazon avec le petit tracteur.

Encore une fois, j'essaie de traduire mon état d'âme et

je trouve dans le journal de Julien Green ce passage qui exprime bien ce que je ressens :

« *Seigneur, je ne vous entends pas à cause de tout ce bruit. Il y a, je le sais, le silence autour de moi dans cette « maison menacée », mais en moi, il y a la rumeur des pensées qui sont l'écho de ce monde. Les soucis, les plans qu'il faut établir pour équilibrer le budget, soumis à la voracité croissante du fisc, l'œuvre qu'il faut mener à bien.* »

Soudainement, je suis envahi par une multitude de pensées qui me rappellent la souffrance de ce monde : Salvador, Afghanistan, Liban, Pologne, Vietnam, Cambodge, Ouganda... Je pense à la violence : Jean-Paul II sur lequel on a tiré... Reagan qu'on a tenté d'assassiner il y a un mois... Martin Luther King, Ghandi, Kennedy... Marielle foudroyée par le cancer... Ces pensées me font lentement glisser dans mes propres soucis : assurer le bien-être de mes enfants, générer assez de revenus pour subvenir à mes besoins essentiels. Je songe à l'importance de maintenir l'accord avec mes associés du local. C'est important de ramer ensemble si on veut arriver au port !

J'essaie désespérément de m'accrocher à la sérénité et à la paix du moment présent, mais je glisse dans les pensées négatives et je lutte pour ne pas être envahi par l'angoisse qu'elles suscitent. Que faire pour améliorer la situation ?

C'est la prière de Saint François qui est parvenue à me raccrocher à la paix : « *Mon Dieu, donnez-moi la sérénité d'accepter les choses que je ne puis changer, le courage de changer les choses que je peux, et la sagesse d'en connaître la différence.* »

Le bruit de la tondeuse s'est arrêté. J'ai perçu le son des cloches qui m'appellent à la messe de 11 heures et Jeanne qui m'exhorte de faire vite.

Châteauguay, 29 mai 1981
Décès d'Yvonne Desparois

Tranquillement, mon passé s'efface. Ma cousine Yvonne, c'est le bon souvenir de ma vie au magasin du 3412 Avenue du Parc. Elle a partagé mon travail pendant une partie de sa vie. Elle possédait à perfection le métier de la fourrure. J'ai eu beaucoup de difficulté à la remplacer.

Yvonne, c'est aussi une partie de mon enfance. Elle venait aider maman quand nous étions petits, Albert, Cécile et moi.

C'est presque une sœur que je perds. Elle était un modèle de travail et de générosité.

Châteauguay, 20 juin 1981
Le cœur en fête !

C'est reparti ! La joie m'envahit à nouveau. Aujourd'hui, c'est mon anniversaire et il m'est arrivé beaucoup de bonnes choses. Bien sûr, c'est la fin de semaine et, bien sûr aussi, je suis rendu à Châteauguay.

Ce matin, Jeanne m'a dit que je faisais bien cela au magasin. Demain, nous allons souper avec Arthur et Henriette, nos joyeux compagnons danseurs du Rustik.

Je suis heureux aussi de la fête de samedi que Louis a organisée à l'occasion de notre 45e anniversaire de mariage.

Voilà que l'on sonne à la porte. C'est le fleuriste qui m'apporte un énorme panier de fruits qui me vient de Thérèse, Léo, Geneviève, Frédéric et Stéphanie. J'y trouve une note : « À notre grand-papa d'amour, pour son anniversaire ».

Pendant la soirée, je savoure la lecture du livre de D'Ormesson, *Dieu, sa vie, son œuvre.*. Je ne me pose plus de questions et j'essaie de retenir le temps afin de jouir le plus possible de ces jours qui sont les plus longs et les plus beaux de l'année.

Je continue à avoir la tête pleine de rêves, rêves du passé, rêves d'avenir...

Marshfield, 30 juillet 1981
William Maycumber, premier ancêtre

Je ne me crois pas moi-même, je suis parti faire du camping ! C'est une suggestion de Louis et, après réflexion, je trouve l'idée très bonne. Nous sommes donc allés en Nouvelle-Angleterre à cinq : Jeanne, Louis, Thomas, Noémi et moi. J'ai trouvé que c'était une très bonne façon de voyager.

C'était un *thrill* de monter la tente et prendre nos repas en pique-nique sous les arbres. Ce ne fut pas très confortable pour faire ma toilette ce soir. J'étais à l'intérieur de la camionnette, dans le noir, avec pour seul éclairage ma lampe de poche. Malgré l'invasion de maringouins féroces, j'ai réussi à m'en tirer. Le camping fait apprécier doublement le confort de la maison...

Nous avons fait un petit voyage magnifique. Dans la péninsule du Cape Cod, nous dégustions en pique-nique de bons repas de homards frais. Dans le port de Plymouth, nous avons visité le fameux Mayflower qui a transporté beaucoup de pionniers américains, colons et quakers, dont quelques-uns de nos ancêtres. Ainsi en est-il de John McComber, qui a épousé Betia Taber dont la mère, Mary Cooke, était une descendante du Mayflower.

Nous avons retrouvé les lieux où vécurent les ancêtres des McComber : Macomber, comme écrivent les Américains.

Nous visitons Marshfield, une petite ville du Massachusetts où vécurent dix générations de Macomber, depuis William Macomber jusqu'à Paul Macomber, décédé il y a une dizaine d'années. C'est d'ailleurs son épouse Ethel qui nous a reçus très aimablement. Elle nous parle d'un éminent docteur Macomber à Albany et nous donne le nom d'un autre Macomber, prénommé Michael.

La première maison de William Macomber servait de garnison pour se protéger contre les Indiens. Elle fut brûlée au temps de la guerre de la Révolution. Elle était sise près de la station du chemin de fer qui est aussi disparue. On ne voit que l'emplacement. L'endroit est encore indiqué sur la carte : Macomber's Island.

Les premières générations Macomber furent enterrées tout près de la maison. On a retrouvé le tombeau construit pas William et les restes furent transportés au cimetière de Marshfield. J'ai photographié le monument. La maison de Herbert Macomber est devenue la propriété de Edmond Place. À noter que John Macomber, cousin de William, dut fuir durant la guerre indienne pour se réfugier dans le *block house* à Faunton. Il fut tué par les Indiens en retournant à la ferme.

Le voyage s'est terminé. C'est un épisode de ma vie qui restera gravée dans ma mémoire. J'ai expérimenté quelque chose de nouveau : le camping !

Outremont, 25 décembre 1981
Réveillon chez Michel

Nous sommes encore une fois rendus à Noël. Après la messe de minuit à la chapelle des Clercs de Saint-Viateur avec Françoise et Catherine, nous avons eu un merveilleux réveillon préparé par Michel. Il avait concocté une paella sophistiquée arrosée de bons vins espagnols et une laitue bien assaisonnée. Jeanne avait fignolé une délicieuse bûche de Noël. Le tout a été arrosé d'un mousseux pétillant.

Je suis peiné de ne pas pouvoir échanger cœur-à-cœur

avec Michel. Je ne parviens pas à communiquer avec lui. Un réveillon de Noël n'est pas le meilleur temps pour un entretien confidentiel entre père et fils.

Outremont, 28 décembre 1981

Lorsque j'ai commencé en affaires avec mon père, dans les années 30, je cherchais et j'y ai trouvé la sécurité en même temps qu'un travail agréable, quoique je trouvais cela pas mal ennuyant au début quand il s'agissait d'apprendre à appareiller les peaux de mouton de Perse.

Cette carrière répondait aux deux personnages qui sont en moi : celui qui veut profiter de la vie et de tous les plaisirs permis, et celui qui a un côté romantique et poétique.

Aujourd'hui, me voilà de nouveau en affaires, un style de commerce pas mal différent de celui que j'ai exercé jusqu'à ces derniers temps et qui demande beaucoup plus d'efforts.

J'essaie de profiter le plus possible des moments libres que me laisse le commerce pour visiter la famille, les enfants, neveux et nièces. Pour lire aussi. Et pour voyager à l'occasion, comme quand nous sommes allés en Nouvelle-Angleterre, à Marshfield plus exactement, à l'instigation de Louis, pour visiter les lieux de naissance des ancêtres McComber.

1982

AU TRAVAIL

Photo de la " débusqueuse (timber-jack)" prise sur la terre de Thérèse et Léo. Pour rentabiliser une terre de cinq cents acres, c'est du gros travail! J'y ai participé mais, en "aviseur" seulement. La coupe du bois fait partie des moyens de subsistance.

Outremont, 9 janvier 1982
Le travail

Quelle journée ! Il fait vingt sous zéro ! C'est un froid sibérien. Je suis en butte aux rigueurs de l'hiver et je manque d'énergie. J'aimerais pouvoir laisser mon corps physique sous les couvertures et continuer avec mon âme seulement.

J'ai de la peine à faire face à la besogne et, pour comble de malheur, le camion de livraison est en panne sur la rue Bernard. Plus rien ne va !

Outremont, 16 janvier 1982
Sentiment d'impuissance

Dès le début de la journée, je me suis affairé encore une fois à remettre le camion en marche. Les dépanneuses étaient débordées. Par de pareils froids, il n'y a pas seulement moi qui ai des problèmes de démarrage!

J'ai trouvé le temps de m'asseoir pour le petit déjeuner en attendant la dépanneuse qui devait venir vers 10 heures. Comme toujours, en déjeunant, je lis *Le Devoir* pendant Jeanne s'applique à en résoudre les mots croisés. De temps à autre, on échange des propos sur le travail à exécuter au magasin, les réparations, le manteau de madame X qui devait être prêt aujourd'hui, les réparations à faire sur celui de madame Y, le rendez-vous avec monsieur Z... Je ne sais si c'est un des inconvénients ou un avantage mais, quand on gère une entreprise en famille, celle-ci prend une place énorme dans la vie quotidienne. Les conversations tournent inévitablement autour du commerce.

Je me suis souvenu que c'était l'anniversaire de Thérèse. Il ne faut surtout pas oublier de lui téléphoner en Gaspésie.

Mon attention a été retenue par un article de Jacques Dufresne. On se sent tellement impuissant devant toutes les statistiques monotones et déprimantes au sujet des accidents, des morts, des maladies.

« *À la limite*, écrit-il, *on est écrasé par le poids des avortements accumulés et chaque nouveau message appelant une réaction énergique produit l'effet contraire, un renforcement du sentiment d'impuissance,* »

Je me demande souvent ce que je peux faire et, simultanément, je pense que chacun de nous peut faire quelque chose. Seulement une petite once de travail parviendrait à agir contre le chômage. Je suis convaincu qu'il faut travailler et encore travailler.

Dans le fond, on ne manque pas de travail; si on y pense bien, tout le monde travaille. Les créateurs, ceux qui pratiquent un art ou qui inventent, ils travaillent; les parents qui élèvent leurs enfants travaillent aussi ! Quelle aberration de dire qu'il n'y a pas de travail ! En agriculture, par exemple, il y a toujours du travail. Les bénévoles et ceux qui se dévouent pour aider les plus défavorisés, ils travaillent ! Que ce soit pour aider à faire le ménage ou pour préparer des repas, c'est toujours du travail.

Face à tous ces problèmes de chômage, les statistiques sèches et assommantes sont inutiles. Je crois que le problème du chômage est presque insoluble collectivement et ces informations alarmistes m'angoissent et me démontent. Je crois que la solution part de chaque individu qui se prend en main et qui décide de changer. On a faussement l'impression que seul le gouvernement peut intervenir.

Machinalement j'ai regardé l'heure et j'ai réalisé que si je voulais être prêt pour accueillir la dépanneuse, il fallait que je me dépêche. Jeanne avait terminé ses mots croisés. Rapidement, j'ai entrepris mon rituel matinal. J'ai fait ma toilette, mes exercices, j'ai enfilé les vêtements les plus chauds que j'avais et je suis allé rencontrer le garagiste qui était déjà rendu au camion sur la rue Querbes.

Outremont, 23 janvier 1982
Mon journal

« *Interrompu ce journal, par tristesse et dégoût. Quelle idée fausse il donnerait de moi, si par hasard on le lisait. Car il y a tout dans ma vie... il y a mon travail, ce livre qui se fait en moi à toute heure du jour.*

Il y a des jours où je languis après une vie de château ! La vérité intérieure est la seule qui soit vraiment essentielle. Le reste si beau, si séduisant soit-il, n'est que l'accessoire.

L'essentiel est d'exprimer ce que nous portons en nous. Même si nous devons disparaître, ce sera quelque chose que d'avoir pu faire cela. » (Extrait du *Journal* de Julien Green)

Je manque de temps. Pourtant cette courte citation traduit tellement bien ce que je ressens !

Outremont, 17 mars 1982

Qui suis-je ?

La scène se passe chez Cléo Leclair, manufacturier de fourrures en gros sur la rue Bleury. Je suis en train de commander un manteau de rat musqué.

Il me fait tout drôle d'acheter chez un marchand qui, dans le passé, était mon client. À brûle-pourpoint, Claude, le fils de Cléo, me demande :

— Est-ce que vous aimez ça la fourrure, vous ?

— Bien sûr, que je lui réponds. C'est le métier que j'ai exercé toute ma vie et que j'ai aimé de tout mon cœur.

Claude me pensait sûrement écœuré de la fourrure, qui, il faut bien l'admettre, est un métier difficile et hasardeux. Il me dit qu'il m'aurait vu dans une autre profession, comme peut-être journaliste, professeur, travailleur social, que sais-je ?

La question de Claude m'a fait réfléchir. Qui suis-je réellement ? Un marchand ou un homme âgé qui devrait se retirer ?

Je me verrais, treize ans plus tard, annonçant des assurances à la télévision que je ne me reconnaitrais pas. Ce n'est pas moi qui serais là. C'est un personnage que je jouerais. Le vrai Philippe McComber est mieux, plus jeune, plus rassurant, plus beau... quoi ! Pour le moment, je m'assume. Je suis devenu un vieil homme un peu fragile, mais encore heureux et plein de projets et de rêves.

Outremont, 21 mars 1982
Michel Serres, philosophie de la vie

J'ai aimé ce métier de tout mon cœur... Et pourtant, comme je le trouve stressant ! Le travail que je fais est très pénible. Probablement parce que les relations de travail détériorent le climat. Je continue à me demander si je devrais me retirer, prendre ma retraite, tout foutre en l'air. En même temps, cette perspective m'apeure. La seule pensée de l'inactivité me terrorise. Je ne m'imagine pas tourner en rond dans l'appartement de la rue Bernard, moi qui depuis plus de cinquante ans me suis rendu assidûment au travail chaque jour.

C'est comme si toutes les excuses me ramènent à cette nécessité que j'ai de travailler. Retraite... Travail.. Travail... Retraite... J'ai l'impression d'être en lutte contre moi-même.

Une interview de Michel Serres à la télévision est arrivée bien à propos. Je l'écoutais avec Jeanne, ce matin.

— Sais-tu qu'il enseigne ma philosophie? dis-je à Jeanne. La sienne n'a rien de compliqué, c'est la vie même. Il semble n'appartenir à aucune école. On dirait qu'il fait fi de tous les systèmes en « isme » : syllogisme, thomisme, marxisme...»

Jeanne m'a fait signe d'écouter.

Mario Pelletier lui a demandé s'il prêchait une anti-philosophie.

— Non, a-t-il répondu. Il n'y a pas chez moi l'idée que le combat est intéressant. Ce n'est pas une philosophie de combat.

— Et la lutte pour la vie ? a demandé Pelletier.

— Il n'y a pas de lutte pour la vie. La preuve, c'est que quand on lutte, on donne la mort. La lutte pour la vie est une contradiction énorme qui consiste à dire que pour vivre, il faut semer la mort.

J'ai trouvé une réponse qui m'encourage. Je suis arrivé à me dire que « travailler à me faire mourir » créait la vie puisque la vie, c'est le mouvement, l'exercice du corps et de l'esprit.

Au fond de moi, je crois encore que la lutte pour la vie existe, dans le combat contre soi. Une espèce de violence m'envahit qui me fait penser que si je veux rester en vie, il faut que je continue à travailler et à essayer de vaincre cette violence qui, je le crois, part d'un esprit mauvais.

Je réalise que toutes ces pensées me distraient de mon travail. Et il y a tellement d'ouvrage à faire !

Sainte-Luce-sur-mer, 6 juillet 1982

De nouveau, nous avons pris la route de Saint-Jules pour aller voir notre fille. Nous sommes tombés sous le charme d'une petite ville du Bas-du-Fleuve et nous y faisons escale pour une journée à tous nos voyages. Le paysage de Sainte-Luce nous séduit. Nous nous sommes arrêtés dans une petite auberge rustique où la nourriture est raffinée et délicieuse.

Les petites villes qui longent le Saint-Laurent abritent de vieilles églises que nous nous plaisons à visiter. Je pense que la fidélité des paroissiens réussit à les conserver. Ce sont des œuvres d'art originales qui racontent si bien une partie de notre histoire.

La lumière resplendit sur la vieille église de Sainte-Flavie qui surplombe les tombes du cimetière, la baie et le fleuve Saint-Laurent. On voit l'eau presque à perte de vue. La mer, tellement belle et saisissante, évoque en moi la tristesse et la paix. Elle fait naître des sentiments de splendeur et de mort. Comme on se sent petit devant cette immensité ! La vie, la lumière, le soleil, le cimetière, la mort, la mer dans laquelle je m'abîme. Je suis cet enfant qui

retourne dans le sein de sa mère et je pleure de joie !
Je voudrais être poète et réciter de beaux vers !

Ottawa, 29 octobre 1982
Jean-Louis Roux honoré

Nous avons assisté à l'introduction de Jean-Louis Roux
à la Société Royale du Canada, un honneur auquel il a été
très sensible et dont toute la famille est très fière.

Guy Beaulne a souligné que Jean-Louis est un entêté
qui a la qualité de tenir à ses idées et qui reste fidèle aux
grands principes de l'honneur, de la liberté et du beau
théâtre.

Outremont, 30 décembre 1982
Le malheur frappe

L'année finit avec un malheur. Louis a téléphoné hier et
nous a annoncé que sa maison de Pigeon Hill a passé au feu.

Vers 7 heures, alors qu'il était allé veiller avec ses enfants
Thomas et Noémi chez Rosemary, on l'appelle d'urgence
parce que le feu s'est déclaré à sa maison. Il se précipite et
arrive à temps pour observer un brasier dont la flamme,
poussée par un vent d'ouragan, menace tout le village.

Louis est démoralisé. Il a tout perdu. Que de poèmes et
d'écritures ont péri ! Tant de souvenirs qu'on ne peut
remplacer !

Tout compte fait, l'année a passé bien vite, remplie de
travail et de désillusions.

1983
ENTRE FRÈRES

Retrouvailles sur le patio de la maison générale des Oblats à Rome, en attendant l'heure du souper.

Outremont, 1ᵉʳ janvier 1983
Année de retrouvailles
avec Albert en France

L'année 1983 a donc commencé sur une note moins joyeuse qu'à l'accoutumée. J'aurais voulu aider Louis à se réinstaller mais, nous avons réservé des billets de train afin de passer le début de la nouvelle année en Gaspésie. Il arrive fréquemment des moments dans la vie où nous voudrions être à deux endroits à la fois, des moments où nous sommes tiraillés entre deux choix différents.

Thérèse nous attendait; elle avait même invité son cousin Marc-André Boucher, qui habite Moncton au Nouveau-Brunswick. C'est pourquoi nous avons pris le train et voyagé toute la nuit. Le « Chaleur », qui dessert la

Gaspésie, me rappelle étrangement le fameux rapide « Orange Blossom » qui nous menait en Floride. Je me demandais si c'était le « Orange Blossom » qui était en avant de son temps ou le « Chaleur » qui était en retard, mais je trouvais que les deux roulaient à la même vitesse. Un petit rythme lent et cadencé qui nous aurait aidé à dormir, n'eut été les longs sifflements du train à chaque passage à niveau.

L'accueil a été chaleureux. À Saint-Jules, chez ma fille, c'est la campagne à son meilleur : l'eau de source fraîche et pure arrive directement dans tous les robinets. À tous les jours, nous respirons l'air salin de la mer, loin du bruit de la route.

La visite de Marc-André, de son épouse Sharon et leurs filles Renée et Michelle a fait que la journée s'est déroulée dans une atmosphère joyeuse. Je me suis rappelé que nous étions dans le temps des fêtes et, pour quelque temps, j'ai pu oublier mes soucis de la ville.

Saint-Jules, 2 janvier 1983

Avoir le choix

Plus j'avance dans le temps, plus il m'est difficile de trouver la sérénité complète.

Comme j'aimerais demeurer à la campagne dans cette tranquillité et cette paix pour toute la vie ! D'un autre côté, j'ai tellement besoin de sentir que je puis encore être utile à quelque chose.

Je me dis que je n'ai pas le choix puisque j'ai déjà choisi de repartir en affaires. J'ai « parti » un commerce, il faut le faire marcher.

Me suis-je engagé follement ? Mon choix était-il vraiment conscient ? Quel est donc ce tiraillement qui me harcèle constamment ?

Aspirer à la paix... Aspirer en même temps au besoin de produire quelque chose qui rapporte !

Saint-Jules, 3 janvier 1983
La crise

Le compagnon de Thérèse, son associé, comme ils se plaisent à qualifier leur relation, a souvent avec moi des conversations très sérieuses.

Au cours d'une de ces conversations, il m'a expliqué qu'il croyait que nous vivions la pire crise de tous les temps. J'étais porté à lui donner raison.

Je me rapporte à Guardini qui nous rappelle que les événements mondiaux actuels sont tels qu'ils nous forcent à une prise de conscience. La catastrophe qui menace l'humanité vient de ce qu'elle a perdu le sens du sacré et qu'elle cherche son bonheur dans le matériel. Nous assistons à la faillite d'une philosophie qui place le bonheur dans la satisfaction des besoins matériels.

Il faut accepter le mystère de Dieu. Je pense que nous sentons tous le mystère de Dieu en nous-mêmes. La réalité... l'équilibre... le présent... C'est tellement difficile pour l'individu, comment l'humanité pourra-t-elle parvenir à accepter ce mystère ?

J'essaie de retrouver la paix intérieure, malgré toutes les contrariétés.

Outremont, 23 janvier 1983
Tant bien que mal, nous avons dû laisser la Gaspésie. Le « Chaleur » de Via nous a ramenés à Montréal avec tout le confort nécessaire.

Comme il arrive forcément au retour d'un voyage, il faut ranger les choses. J'en profite pour mettre un peu d'ordre dans mes armoires et dans mon secrétaire en rangeant au fur et à mesure le contenu de mes valises.

Ouvrant mon journal d'alors au hasard, je tombe sur un passage du 2 mai 1927. J'avais presque 19 ans.

« Je suis en train de me débarrasser de tout ce qui ne me sert pas dans ma chambre, de mille et un petits souvenirs nuisants, que, pour une raison ou pour une autre, j'hésite toujours à jeter.»

Je constate qu'après cinquante-six ans, j'ai toujours le même problème. L'ordre, c'est un mythe. Mettre de l'ordre, c'est un acte créateur.

Dieu dit : « Que les eaux qui sont au-dessous du ciel se rassemblent en un seul lieu, et que tout le sec paraisse. Et cela fut ainsi. Dieu appela le sec Terre, et il appela Mer l'amas des eaux. Et Dieu vit que cela était bon. » (*La Genèse, I*).

Quand je mets de l'ordre dans les objets qui m'entourent, je répète cet acte primitif de Dieu. Je crée. Sortir du désordre pour passer dans un monde d'ordre et de paix, c'est ce que je désire. C'est l'action et la prière que je fais quand j'essaie de mettre de l'ordre dans ma chambre, dans mon secrétaire, dans la cuisine, dans la maison, dans mon monde intérieur.

C'est une tâche à laquelle il faut penser quand on arrive au troisième âge. J'y pense ardemment mais je ne réussis pas à atteindre ce degré de sagesse. C'est le travail de toute une vie. Je voudrais atteindre le degré de sagesse du bon gentilhomme de Philippe-Aubert de Gaspé. Je me demande si je réussirai jamais à me calmer et à être capable d'entretenir une conversation parfaitement désintéressée avec un autre ! Aurai-je jamais assez d'ordre dans ma tête pour y arriver ?

Outremont, le 18 février 1983
Gandhi

Ces jours-ci, ma petite-fille Stéphanie est à la maison. Elle est venue de la Gaspésie pour passer quelques jours avec nous. Je suis un grand-père comblé, car je m'entends très bien avec elle. C'est un des avantages de rester à distance : les séjours sont plus longs et les relations plus intenses.

Comme toujours, elle ne voulait pas rester inactive.

— Grand-pops, me dit-elle, on va au cinéma ce soir !

Bien sûr, je ne peux rien lui refuser et, systématiquement, elle, Jeanne et moi nous nous sommes mis à rechercher, dans les journaux du jour, le film qui ferait consensus.

Notre choix s'est arrêté sur le film *Gandhi*. Ce fut un heureux choix car il nous a plu à tous les trois, à moi spécialement qui ai une grande admiration pour Gandhi. Il va sans dire qu'en revenant par l'autobus 80, qui remonte l'avenue du Parc, la discussion était vive.

— Stéphanie, as-tu remarqué que Gandhi ne parle pas inutilement ? Il agit et il donne l'exemple. C'est de cette façon qu'il a réussi à être aimé des siens et à être craint par les grands et les puissants.

— C'est vrai, grand-papa, me répond-elle. On sent chez lui son grand amour pour les siens.

— C'est probablement pour cela qu'il s'est fait des milliers de disciples, reprend grand-maman.

Je me souviens vivement de l'année de ses jeûnes en 1942. À tous les jours, on écoutait les nouvelles : son poids diminuait, on se demandait jusqu'à quand il survivrait, si l'Angleterre céderait... Ce jeûne l'a presque tué à cette époque.

La vue de ce film et cette reprise de contact avec la

grande personnalité de Gandhi m'a stimulé et donné du courage pour continuer à lutter et reprendre ma besogne au magasin.

Une petite neige tombait devant la montagne. Je trouvais la ville belle avec l'éclairage des rues. Les gens semblaient transporter encore les joies du début de l'année. C'était un contraste avec la misère de l'Inde.

Devant le surnaturel et la foi de Gandhi, mes petits problèmes quotidiens s'estompent. En m'endormant, je songe à la personnalité de cet homme extraordinaire qui, petit, faible et pauvre, par la prière et le jeûne, a réussi à faire reculer un Empire et à répandre la paix et l'amour dans son pays.

Outremont, 6 mars 1983
Réflexions

Il est 10 heures. C'est un dimanche comme je les aime. Je flâne dans le solarium et je vois que le printemps s'amuse à faire éclore les bourgeons des grands érables qui longent la rue Querbes.

Mon stéréo fredonne une sonate de Haendel. Le son du hautbois, mon instrument favori, me charme et transforme ce moment en un instant délicieux. Si seulement je pouvais retenir ce moment trop court !

Je me demande combien de temps encore je vais vivre. Combien de temps encore je pourrai jouir de ce moment heureux en toute liberté.

Et une autre journée a fui. Sans m'en rendre compte, je suis déjà rendu au soir. Le soleil est disparu vers l'ouest. Je songe à la journée qui va recommencer demain et à la besogne fastidieuse qui m'attend.

J'essaye de centrer mon attention sur le plaisir anticipé de la prochaine fin de semaine. Je ne vis que pour ces moments d'arrêt, de détente et de méditation où je n'ai d'autre préoccupation que de passer agréablement le moment présent. J'entre en communication avec l'Être Suprême, ce point auquel je me rattache et qui me rend libre et heureux.

Châteauguay, 19 mars 1983
Funérailles de Roméo Bourcier

Ce samedi de la semaine de la Passion a été une journée de tristesse. Je reviens de Châteauguay. Comme je la connais cette route ! J'essaye de compter les fois que j'ai passé le pont Mercier. Je me souviens de tous les changements qui sont survenus depuis mon enfance. On n'emprunte plus le tunnel de Caughnawaga qui passe sous la voie ferrée ni le premier pont Mercier si étroit avec ses deux voies.

Je reviens du salon mortuaire. Je suis tellement sensible au problème de la mort. Je remarque que, depuis que j'écris mon journal, je note soigneusement les noms de tous les miens et la date de leur mort. J'ai l'impression de rendre hommage à ceux que j'aime et je veux leur rendre témoignage, eux que je ne reverrai plus jamais.

Roméo Bourcier est exposé au salon funéraire Reid. Marie-Marthe, la sœur de Roméo nous a demandé de méditer un instant. Elle nous a aussi demandé de penser à ce que Roméo avait été pour nous et ce que nous avions été pour lui. Puis elle a récité un « Notre Père » et un « Je vous salue Marie ». Il y avait beaucoup de tendresse qui unissait cette famille dans laquelle je me sentais bien à ce moment.

Je médite ces pensées de Krishnamurti : *«Vivre sa vie c'est aussi pouvoir vivre sa mort. Vivre c'est une réconciliation avec la mort. Je crois que ceux qui n'ont pas peur de mourir, qui voient leur mort en face sont ceux qui sont capables de vivre. » « En général, nous avons peur de mourir parce que nous ne savons pas ce que veut dire vivre. Nous ne savons pas vivre et par conséquent nous ne savons pas mourir. Tant que nous aurons peur de la vie, nous aurons peur de la mort.* »

Pour moi, visiter les morts ou simplement enregistrer leur décès dans l'histoire de ma vie, c'est faire preuve de fidélité et d'amour.

Outremont, 20 mars 1983
Nouvelles du Lesotho

Ce matin, j'ai eu une belle surprise ! Albert, mon frère, m'a téléphoné du Lesotho. Malgré toute la distance qui nous séparait, je l'entendais comme s'il m'appelait de l'autre côté de la rue. Il me confirmait qu'il serait à Paris du 15 au 20 mai.

En raccrochant le récepteur, nous nous sommes regardés, Jeanne et moi. Nous pensions la même chose. Nous irions le rencontrer à Paris. Nous nous sentons assez bien pour affronter ce voyage. C'est une si grande joie que je n'ose y croire !

Outremont, 3 avril 1983
Pâques

Et je me reprends à vivre en ayant hâte au futur. Notre départ est prévu pour le 15 mai. Il reste un peu plus d'un mois à franchir et je serai avec mon petit frère, mon grand copain d'enfance. Je ne le vois qu'à tous les cinq ou dix ans depuis qu'il est au Lesotho. J'ai appris à ne plus m'ennuyer et à ne plus penser qu'il me manque.

Nous avons assisté à la messe du Samedi saint à l'église Saint-Viateur. C'était grandiose. La trompette accompagnait le chant et l'orgue pour annoncer la résurrection de Jésus. C'était le père Primeau, notre curé, qui officiait pour cette célébration solennelle.

Nous avons fêté le jour de Pâques avec nos petits-enfants : Frédéric, Stéphanie, Nicolas et Philippe-Aubert. Au souper, nous avons continué la fête avec Thomas et Noémi et Louis. Recevoir tant de monde est beaucoup d'ouvrage pour Jeanne. Je la sens fatiguée et je ne sais vraiment pas quoi faire pour l'aider. Je me mêle volontiers à la conversation tout en servant les apéritifs et le vin. Je ne suis vraiment pas doué pour l'art culinaire. J'aime discuter avec Frédéric. Nous avons parlé de la mort et je trouve qu'il a une vue chrétienne. Malheureusement, nous n'avons pas approfondi le sujet, puisque de temps à autre j'entendais Jeanne qui m'appelait à la cuisine. Sa façon caractéristique de lancer un « Philippe ! » me rappelait à l'ordre et je me prêtais de bon cœur aux quelques petits travaux qui pouvaient lui alléger la tâche.

Ce que nous essayons de donner en douceurs à nos enfants nous aide à les garder près de nous. Ce soir, je respire mieux depuis qu'ils sont partis. Heureusement, ils ont participé en groupe au lavage de la vaisselle. Il ne nous reste qu'à ranger la salle à manger et les quelques ustensiles qu'ils n'ont pas su où placer.

Paris, 15 mai 1983
Albert, Jeanne et moi à Paris

Enfin, le temps a passé et nous sommes arrivés en France, à l'hôtel des Saints-Pères. Malgré l'état vétuste des meubles et les tapis usés, Jeanne a trouvé cet hôtel convenable. Nous attendons Albert à la chambre. C'est un moment palpitant. Il arrive d'Afrique et tout à l'heure, nous allons visiter Paris ensemble ! Nous avons hâte !

À 15 heures et demie exactement, notre missionnaire arrive, vêtu en *clergy man*.. Il a l'air heureux, réjoui et pétant de santé. Comme je vais les goûter, ces moments que nous allons passer ensemble !

Nous nous sommes tout d'abord rendus en métro à la maison des Oblats qui est située à Fontenay-sous-Bois. J'ai réalisé qu'on se débrouillait très bien dans les transports en commun parisiens, même si parfois il arrivait quelques petits anicroches. Du métro à la maison des Oblats, nous avons pris l'autobus. En arrivant à la bonne rue, qu'Albert a cru reconnaître, il a demandé au chauffeur : « Est-ce bien la rue Duhaille ? » Le chauffeur a répondu : « Pourquoi me demandez-vous cela ? » Albert : « Parce que je veux descendre, naturellement ! » «Trop tard», a répliqué le chauffeur en redémarrant sans plus. Il nous a fallu attendre le prochain arrêt.

Nous avons bien ri de cet incident avec un fonctionnaire plus strict que courtois et nous avons enfin atterri à la maison des Oblats, bien située dans un endroit ombragé.

Cette rencontre avec Albert marque une étape dans ma vie. Deux frères très unis se rencontrent au moment de la retraite et se remémorent dans l'intimité les temps forts de leur vie. Albert revient toujours sur son enfance à Châteauguay, la dure peine que nous avons éprouvée à la mort de notre chère sœur Cécile à 17 ans, la déchirante séparation de notre mère quand il partit en mission en 1938; ses émotions quand il a enseigné la philosophie et qu'il a été supérieur du Séminaire de Roma; sa fierté quand il a construit ce séminaire et le temps qu'il a été curé à Maryland et à Sainte-Monique, puis provincial de la communauté durant huit années. Il a fait valoir ses qualités innées d'homme d'affaires en agissant comme trésorier de sa province oblate de 1976 à 1988.

Enfin, tâche qu'il occupe présentement, il a informatisé la comptabilité de toute la communauté.

Quelle joie ce fut pour nous deux de nous rappeler tous

ces bons souvenirs de notre père qui n'en finissait pas de nous cajoler pour que nous restions près de lui pour lui prêter main forte dans son commerce !

Paris, 18 mai 1983
Les cathédrales

Nous avons passé tous les trois une journée merveilleuse à visiter, à pied, avec l'aide du Michelin, l'Île de France, des églises, des cathédrales, le Musée du Louvre. Tout d'abord, nous nous sommes rendus à la cathédrale Notre-Dame de Paris que je voyais pour la troisième fois. Elle m'a ébloui et ému comme si je la voyais pour la première fois.

Puis, nous nous sommes payé le luxe de visiter le Louvre pour revoir les œuvres immortelles des grands maîtres de la peinture : David, Monet, Angelico, Van Dick, Millet, Rousseau, Rembrandt, Rubens, Murillo, etc.

Le plaisir de la compagnie d'Albert surpasse celui de revivre le glorieux passé de la France. On se rappelle les souvenirs lointains de notre enfance.

Nous avons quitté Paris afin de visiter la cathédrale de Chartres. Quel temple magnifique ! Immense, il a cinquante-sept mètres de plus haut que l'Arc de triomphe, quarante mille figures sculptées, cinq mille personnages dans les vitraux qui racontent l'histoire de la Bible. C'est presque impensable que ce chef-d'œuvre d'architecture résiste aux intempéries depuis six siècles.

Malheureusement, la semaine est déjà passée. Cette semaine que j'avais tant espérée est déjà finie. Il me fallait répéter un « au revoir, j'espère » à mon frère que j'aimais tant. Il va d'abord vers Rome, puis il retourne au Lesotho. Nous, de notre côté, nous filons vers le Portugal. Dans un sens, je suis peut-être plus chanceux que lui, parce que je me retrouve avec ma compagne de toujours avec qui je peux partager toute l'intensité que nous avons vécue. Albert s'en retourne seul dans sa mission du Lesotho.

Outremont, 15 juin 1983
Retour dans le quotidien

En revenant de voyage, j'ai commencé le tri de ma correspondance qui était accumulée sur la table de la salle à manger. C'est Geneviève qui était chargée de cueillir le courrier et le déposer sur la table. Elle devait aussi arroser toutes les plantes que ma femme cultive si bien.

J'avais pris connaissance en retard de toutes les nouvelles qui ont fait la manchette des quotidiens pendant notre absence. Les journaux étaient aussi empilés sur la table, mêlés avec des messages publicitaires de toutes sortes.

J'ai réalisé que Brian Mulroney avait été élu chef du Parti Conservateur.

Soudainement, un appel téléphonique a interrompu mon travail de classement. Louis m'annonçait qu'il avait acheté une propriété à Pigeon Hill, petit village situé tout près de St-Armand. C'était d'ailleurs l'endroit où sa maison avait brûlé. La nouvelle maison était située en face de sa terre, mais de l'autre côté de la rue.

De nouveau, la sonnerie du téléphone s'est fait entendre. Cette fois, c'était Jean qui m'apprenait qu'il avait fait l'acquisition d'une maison sur le boulevard Saint-Joseph à l'angle de la rue Rivard. Il était à deux pas de la maison qu'avaient habitée mes beaux-parents pendant plusieurs années. Jean allait y établir un centre de psychosynthèse.

Le soir, comme je le faisais souvent, j'ai retrouvé mes bouquins et je me suis remis à lire en jetant quelques fois un regard distrait sur l'émission de télévision. J'étais triste soudainement en pensant à la vente de la maison de

Châteauguay. Mon attention a été retenue par un poème de
Schiller dans lequel Jeanne d'Arc exprime son chagrin de
laisser son « heimat » :
   Lebt wohl ihr Berge ! ihr geliebten Triften.
   Adieu montagnes, vous ruisseaux aimés,
   vous prairies tranquilles, adieu.
   Jeanne wird nun nicht mehr auf euch wandern,
   Jeanne n'errera plus parmi vous
   Jeanne vous dit un éternel adieu.
   Vous champs que j'ai semés, vous arbres que j'ai plantés,
   Reverdissez joyeusement.
   Adieu grottes et sources fraîches,
   Du Echo holde Stimme dieses Thals,
   Toi, écho, douce voix de ce pré
   Qui souvent a répondu à mes chansons,
   Jeanne va et jamais elle ne reviendra !

Pigeon Hill, 24 juin 1983
Fête de la Saint-Jean-Baptiste

   Quelque chose de merveilleux s'est passé qui m'a
presque fait oublier Châteauguay. Louis nous a invités à
partager avec lui sa nouvelle maison de Pigeon Hill. Nous
pourrions y passer l'été et y venir les fins de semaine
pendant l'hiver. Avec Jeanne, je rêvais de reconstituer le
décor fleuri de notre maison de Châteauguay. Comme nous
adorions jardiner, nous pourrions continuer ce passe-temps
qui nous plaisait tellement.
   C'est ainsi que j'y passe ma première soirée. Je me
demande même si la campagne n'est pas plus poétique ici
qu'à Châteauguay.
   Tout en travaillant à l'aménagement, je me suis famili-
arisé avec le paysage. Il y a des arbres tout autour des
maisons du petit village. En face de moi, je contemple la

terre de Louis. Au loin, je vois le boisé de pins qui borde
l'horizon. Puis je me remets à l'ouvrage. Je bêche, râtelle
pendant que Thomas et Noémi courent en lançant des cris
de joie.

Pendant ce temps, Jeanne et Louis ont déballé les boîtes
et se sont occupés de ranger les meubles. C'est une jolie
maison qui a un petit air vieillot. Son style à la fois canadien
et victorien rappelle que nous sommes habités par deux cul-
tures. Le toit bleu contraste avec la finition blanche qui
revêt les murs. En deux jours, nous sommes parvenus à
nous installer. Le soir venu, nous avons trouvé le temps de
jouer aux cartes avec Thomas et Noémi pendant que Louis
jouait de la guitare.

Saint-Jules, 15 juillet 1983

De retour en Gaspésie

Je n'aurais pas pu rêver à un plus beau rythme de vie
pour ma vieillesse.

De Pigeon Hill, je pars pour venir passer un mois en
Gaspésie. Chez Thérèse, c'est la vie lente, intense et douce,
l'attrait de la terre et l'énergie qu'elle contient. Je suis
heureux de retrouver la mer, le bois et, surtout, la rivière
Cascapédia.

Elle coule à cent pieds de la maison. Pour s'y rendre,
nous n'avons qu'à suivre un sentier à travers un champ de
fougères. Les têtes de violon poussent entre les grands trem-
bles qui bornent la rivière. À maturité, les fougères sont plus
hautes que nous. Si bien que lorsque nous atteignons la rive
couverte de menthe indigène, nous nous croyons dans une
espèce de jungle africaine. Les canards sauvages nagent
dans les eaux basses. Je me sens dans un autre monde. Je me
dis que si j'en avais le choix, c'est à la campagne que je
voudrais mourir, près de la terre...

Pigeon Hill, 7 août 1983

Mes vacances sont déjà terminées, trop vite. Je me sens reposé et prêt à reprendre le travail. Je suis revenu en passant par Sainte-Luce comme à l'habitude et j'ai touché Pigeon Hill peu après le souper.

Je suis assis sur la galerie et je me plais à écouter les bruits qui m'entourent et qui sont bien différents de ceux de Saint-Jules. Le gazouillis des oiseaux me rappelle que les espèces sont différentes. Ici on n'entend pas le loriot, mais le sifflement des merles est plus intense. Quelqu'un travaille au loin et j'entends les coups de marteau. Un chien qui aboit, des cris d'enfants. Le ciel ne pouvait m'offrir rien de mieux. Je prends conscience de plus en plus de mon désir de calme et de tranquillité. Cette aspiration m'envahit avec une force qui dépasse celle de mon besoin d'être utile.

Je me retrouve au magasin. Je suis passé de la tranquillité à un genre d'état de mauvaise humeur. Je n'ai pas le goût de travailler. Je m'y mets tout de même. « Marche, cheval ! » disait mon père et il se remettait à la tâche.

En lisant, ce soir, comme par hasard, je tombe sur une citation d'André Gide qui m'aide à reprendre mon aplomb.

« Nos actes s'attachent à nous comme la lueur au phosphore. Ils nous consument il est vrai, mais ils nous font notre splendeur. Ne t'attache en toi qu'à ce que tu sens qui n'est nulle part ailleurs qu'en toi-même, et crée de toi, impatiemment ou patiemment, ah ! le plus irremplaçable des êtres.

Nathanaël, que chaque attente de toi ne soit même pas un désir, mais simplement une disposition à l'accueil. Attends tout ce qui vient à toi. Ne désire que ce que tu as. Comprends qu'à chaque instant du jour, tu peux posséder Dieu dans sa totalité. »

Pigeon Hill, 21 août 1983

Posséder Dieu dans sa totalité.

Cette simple phrase m'a fait réfléchir profondément Je me demande vraiment comment on peut « posséder Dieu dans sa totalité », surtout dans une situation étouffante où on est malheureux.

Je comprends mieux quand je me retrouve comme ce matin dans le calme de la campagne. Parce que dans le calme, on sent mieux la lumière et la chaleur de Dieu. J'ai les membres engourdis par la fraîcheur de la nuit et je me plais à les envelopper de rayons de soleil. Les grands érables sont agités par une brise légère. Les phlox perdent déjà leurs pétales mais semblent vouloir se faire beaux une dernière fois avant de s'étioler à l'arrivée du froid. Les criquets crient leur soif avec de hautes notes stridentes.

Se peut-il qu'encore une fois j'aie à faire un choix ? J'ai à régler cette partie de ma vie qui m'étouffe et qu'un besoin de sécurité a entraîné. Je me demande si je suis vraiment irremplaçable. Je commence à penser que peut-être Louis pourrait se débrouiller seul. Ces pensées me placent dans une situation d'hésitation et d'ambivalence et je me demande où est Dieu.

Pigeon Hill, 4 septembre 1983
Le paradis sur terre

Un extrait d'une lettre à Albert tiendra lieu de journal pour aujourd'hui.

Bien cher Albert,

Qu'est-ce que le ciel ? Quel ciel cherchons-nous ? vers quel ciel allons-nous ? Le royaume de Dieu ? C'est quoi ça ? Serait-ce un monde où l'on s'aime et où l'on se supporte pour vivre convenablement, confortablement ? Ce monde

*existera-t-il seulement après la mort ou pouvons-nous en
jouir dès maintenant ? Le Paradis, qu'est-ce ? Un endroit
paisible loin du bruit et du vacarme mondain, un beau
jardin qu'on partage avec quelqu'un qu'on aime ? Est-ce
une immense table remplie de tous les meilleurs mets du
monde avec les meilleurs crus qui existent ? Est-ce une
longue, longue croisière ? Probablement rien de tout cela.
Mais, le paradis existe tout de même; je sens en moi que
quelque chose se passe après la mort. Quoi exactement,
c'est un mystère que seul connaît Celui qui nous a donné la
vie et comme nous possédons en nous Celui qui nous a
donné la vie, aussi bien dire que nous possédons le paradis,
MAIS, il y a un mais, nous en jouirons pleinement seulement
après la mort. D'ici là, il n'y a qu'à souffrir en silence,
patiemment, avec la joie dans le cœur, comme Saint
François, et attendre le jour heureux où tout va commencer.*

Philippe

Je venais à peine d'écrire cette lettre à Albert et je com-
mençais à lire le journal, lorsque mon attention a été attirée
par un flash : « Les Soviets descendent un Bœing 747 et
deux-cent-soixante-six personnes périssent ! »

Ouf ! Mon Dieu, s'il y a un sens à tout cela, éclairez-
moi !

Pigeon Hill, 11 septembre 1983
Hostilités à l'horizon

Nous sommes allés à la messe à la petite église de
St-Armand. Noémi nous a accompagnés, ce qui nous a
procuré un vif plaisir.

Je ressens comme une petite pointe d'angoisse à
l'intérieur de moi-même. Je comprends mal d'où me vient
cette sensation. Il fait beau, les nuits commencent à peine à

geler. Nous avons commencé à récolter les carottes et les betteraves du potager. En apparence, rien ne va mal.

Louis a terminé ses vacances et a repris la besogne. Je me ferme les yeux et j'enfouis en moi tout ce qui vient troubler l'apparent calme que je veux afficher.

Je crois que mon angoisse part du fait que tout va mal partout. Les relations entre les États-Unis et la Russie s'enveniment. Aux nouvelles, on n'entend et on ne lit que la souffrance des peuples : Pologne, Liban, Salvador, Chili, tous ces pays font la une.

Je me sens comme un marin qui sent venir une tempête.

Pigeon Hill, 28 septembre 1983

Je récupère lentement de mon alerte de dimanche dernier. Pour le moment, je me repose à Pigeon Hill. J'essaie de retrouver ma santé et mon sang-froid pour mener l'entreprise à bien. Je souffre beaucoup de me sentir impuissant à améliorer la situation.

Tiens, je lis un article qui parle de Madame Thatcher qui rencontre mes idées en économie : « La prospérité, dit-elle, passe par l'entreprise privée et non par le secteur public. Nous avons dû apprendre la leçon qu'un haut niveau de vie provient non pas du gouvernement, mais de nos propres efforts. Quand les deniers publics doivent être employés à des services comme l'éducation, la santé et l'assistance sociale, l'État « maternel » peut en venir à étouffer les gens, non à les soutenir.»

Ces propos me portent à réfléchir. Je suis en accord avec Margaret Thatcher. Je me révolte à l'idée de n'être qu'une personne passive qui ne compte que sur l'État pour pourvoir à ses besoins.

J'ai peur d'être dans une telle situation si j'arrête de travailler. C'est beau de penser à sa retraite mais, il faut continuer à vivre et à vivre bien ! Je ne trouve pas d'autres solutions que de continuer à travailler éperdument dans le sens que nous faisons. Je suis certain, dans le fond, que le travail est toujours récompensé, pas toujours dans l'immédiat, mais certainement à la longue.

L'être humain est le projet, il est OUVRIER. Son projet essentiel le TRAVAIL. Il s'exprime par le TRAVAIL, PRODUCTION ET JOUISSANCE DE SA RÉALISATION. On peine, puis on fait la FÊTE.

Pigeon Hill, le 1ᵉʳ octobre 1983

Amour

Et comme il m'est souvent arrivé, c'est Jeanne qui m'a ramené à la vie en me ramenant à l'amour. Ce soir, nous nous sommes payé un bon souper et une bouteille de vin mousseux au Swanton Sunset Restaurant. Auparavant, nous avons fait une belle promenade dans les vallons du Vermont, à travers les prairies vertes, parmi les arbres rutilant de leurs plus belles couleurs d'automne. Jamais la nature ne m'a paru si belle. C'est dans ces moments que je réalise l'importance qu'a dans ma vie ma compagne de toujours. Elle a le don de me conduire dans des endroits enchanteurs et de créer un climat de joie qui me fait oublier les côtés pénibles du travail.

Je rêve de me retrouver un jour avec elle comme aux premiers temps de notre mariage et je voudrais que ces moments d'intensité se prolongent à tous les jours qu'il nous sera donné de vivre ensemble.

Pigeon Hill, le 9 octobre 1983

Nous sommes encore une fois de retour dans notre petit château de Pigeon Hill. Je me replonge dans la lecture du livre d'André Frossard sur Jean-Paul II. J'y trouve ce passage :

« N'aie pas peur des pensées profondes, exaltantes ! »

Je suis heureux de vivre sous le règne d'un tel pape. Je trouve que Jean-Paul II est si près de nous. C'est la première fois dans l'histoire du Vatican qu'un pape accepte d'être interviewé par un laïque et de discuter avec lui philosophie, métaphysique, politique, questions morales, sociales, etc...

« Équipé comme personne pour le combat et rapproché de la controverse, le Saint-Père déteste la polémique et ses classifications sommaires ! »

J'ai toujours un point en commun avec Jean-Paul II : je déteste les discussions, ce qui a souvent créé des situations d'évitement dans ma vie.

Outremont, 17 octobre 1983
Décès de Roméo Chevrefils

Maurice Laberge m'appelle vers 2 heures cet après-midi pour m'annoncer que Roméo Chevrefils était décédé subitement. Quelle ne fut pas ma stupéfaction ! Je lui avais parlé le matin même ! Je me suis rappelé les dix années qu'il avait été à mon emploi. Il meurt jeune, mais il a mené une vie bien remplie. Il a élevé une famille de sept enfants.

Outremont, 24 octobre 1983
Massacre au Liban

Les nouvelles du matin sont loin d'être réjouissantes. Des terroristes à la solde de l'Iran tuent vingt-quatre soldats américains et cinquante-huit français à Beyrouth. Les camions piégés et les attentats suicides sont revendiqués par le Mouvement pour la révolution islamique. Le drame, c'est que ces attentats sont faits au nom de Allah pour les Ayatollahs, c'est une croisade pour détruire les « démons du monde : les Américains et leurs alliés ! » De leur côté, les

Américains qui font la guerre en Europe et en Asie, croient-ils eux aussi la faire au nom de Dieu ?

Quelle doit être mon attitude ? Je crois bien que je ne peux en avoir d'autre que de continuer de vivre avec eux et même de les aimer.

Devant cette souffrance et la mort atroce de ces victimes, c'est l'écriture qui m'est venue à propos et a raffermi ma position : « Fortifiez les mains défaillantes, affermissez les genoux qui fléchissent, dites aux gens qui s'affolent : PRENEZ COURAGE, NE CRAIGNEZ PAS, VOICI VOTRE DIEU. »

Outremont, 11 décembre 1983

Nous rentrons d'une excursion à Châteauguay. C'est l'anniversaire de notre amie Henriette. Nous avons trouvé Arthur plein d'entrain et il nous a payé un deuxième cocktail et une bouteille de vin du Rhin pour agrémenter un buffet de mets variés. Et pour finir, le propriétaire, Jules Dumouchel nous offre une bouteille de champagne en l'honneur d'Arthur et Henriette qui fréquentent le Rustik depuis vingt ans !

Quand Arthur et Henriette montent sur la piste de danse, tous les clients ont les yeux rivés sur eux. L'atmosphère devient chaleureuse et la musique crée comme une émotion joyeuse qui se communique à tous.

Ce soir, je suis parvenu, une fois de plus, à oublier toutes mes peines en dansant avec Jeanne.

Outremont, 23 décembre 1983
Messe de minuit au Gésu

En entrant dans l'église du Gésu pour la messe de minuit, je me suis tout de suite rendu compte de l'ampleur des rénovations qu'on lui a fait subir. J'étais heureux d'y amener ma famille pour contempler cette église toute embellie.

La messe a été célébrée à l'ancienne, pieuse, avec un certain apparat. Il y a eu procession de cierges et encens. Le chœur de chant était accompagné d'orgue, de clarinette et de trompette. Laurent et Catherine, qui étaient avec nous, étaient ravis.

Cette année, c'est Michel et Françoise qui nous ont reçus pour le réveillon. Je me sens choyé.

En résumé, l'année 1983 a été une année laborieuse et m'a causé non pas de la détresse, mais beaucoup de stress ! Je me conduis comme un enfant gâté qui voudrait que d'autres fassent des choses pour lui. Je suis encore tiraillé par l'idée d'une entreprise prospère qui assure ma sécurité et le désir de paresser, de m'évader, de voyager, de visiter des châteaux. J'ai satisfait une partie de ce désir en entreprenant ce voyage en Europe pour rencontrer Albert.

1984

EN VOYAGE

Le 1er janvier 1984

Jour de l'an à St-Jules

Nous sommes arrivés en Gaspésie par le train de Via Rail à sept heures et quart exactement. C'est rare que ce train n'a pas de retard en hiver ! Quel plaisir d'apercevoir Thérèse qui nous attendait à la petite gare de New Richmond !

En descendant, nous respirons l'air pur et frais de la Baie des Chaleurs. Il neige de ces gros flocons doux et ouateux qui tombent lentement. Il a fallu peu de temps pour sortir les bagages. Le chef de gare les a descendus, déposés sur un petit chariot. En un rien de temps, nous les avons placés dans le coffre arrière de la voiture de Thérèse et nous avons pris la route de Saint-Jules.

Comme à chaque visite, j'ai été saisi par la beauté du paysage. L'entrée du domaine longe la rivière Cascapédia. La montagne, qui abrite la vieille maison ancestrale, domine le paysage. Blondin nous attendait toujours au poste. Ce grand chien « berger blond » aboie dès qu'une voiture s'engage sur la propriété.

En mettant le pied dans la maison, j'ai remarqué quelques changements depuis la dernière fois. Les rénovations coûteuses que nécessite cette antique demeure s'effectuent petit à petit. Malheureusement, il n'y a pas encore de porte qui permette de communiquer entre les chambres et la salle de bain. Souvent je me trompe et, en voulant aller à ma chambre à coucher, je me rends à la chambre de bain. Thérèse me dit souvent que lorsqu'elle sera riche, elle fera de cette maison un vrai château, avec toutes les portes que je désirerai.

Le soir du jour de l'An, nous sommes allés à la messe de 10 heures à l'église de Saint-Jules. Du haut de la colline, le petit village se présentait comme ceux qu'on voit sur les cartes postales ! L'église est située au centre du village. Nous nous sommes recueillis à la veille de cette nouvelle année. J'en ai profité pour remercier le Seigneur de cette grande paix de la campagne.

Au retour, une bonne lasagne chaude nous attendait. Thérèse fait de très bonnes lasagnes avec beaucoup de légumes. J'ai beaucoup apprécié la chaleur du feu qui émanait du vieux poêle à bois de la cuisine. C'était un contraste avec le froid qui régnait à l'extérieur ! Nous nous sommes tous souhaité une très bonne année et cette soirée s'est terminée dans le calme qui caractérise Saint-Jules. Dans la nuit silencieuse, nous nous sommes endormis profondément comme nous le faisons toujours dans cet endroit paisible.

Ces petites vacances à la campagne ont passé très rapidement et nous avons regagné la ville sans nous être rendu compte de la vitesse du temps. J'étais tout de même plus en forme pour reprendre la besogne fastidieuse des affaires.

Outremont, 14 janvier 1984
Année cruciale

Toutes les tergiversations de l'année dernière m'amènent à prendre une décision. Il est de plus en plus évident que je dois changer quelque chose à ma situation. Toute ma logique, tous les raisonnements me mènent à la même conclusion. Il faut que je cède à Louis l'entière responsabilité de la compagnie. Ce matin, en y pensant, j'éprouvais un petit serrement de cœur. C'est cette force qui m'attire vers la tranquillité qui a finalement gagné le combat. Le « vieux » de 76 ans ne veut plus se faire mourir à travailler.

Après réflexion, je constate qu'il y a en moi deux êtres : celui que je crois être et celui que je suis réellement. Celui que je crois être, le patron modèle qui a dirigé pendant plus de cinquante ans une entreprise prospère, doit laisser la place à celui que je suis devenu, celui qui ne peut plus, le rentier qui décide d'arrêter et de jouir de ses vieux jours. Je ne réussis pas à accorder ces deux personnages et je m'inquiète inutilement.

Outremont, le 15 janvier 1984

Aujourd'hui, nous sommes allés visiter mes cousines Simone et Pauline Desparois qui habitent toujours la grande maison de Châteauguay. Elles semblent heureuses avec leur nouveau propriétaire Gilles Faubert. Même si tout a énormément changé ici, je ne peux m'empêcher de me replonger dans les souvenirs.

Jetant un coup d'œil vers l'arrière de la propriété, je revois notre ancienne terre qui longe le cimetière. Aujourd'hui, elle est devenue la rue Carignan qui est perpendiculaire aux rues McComber et Philippe. Je revois les arbres que Jeanne et moi avons plantés, le beau chêne, le sorbier, les pommiers, le bouleau pleureur, le châtaignier... Mille souvenirs m'envahissent : le plaisir de voir nos enfants, petits-enfants, neveux, nièces et voisins s'ébattre éperdument dans la belle eau propre, bien filtrée et désinfectée de la piscine. Mes baignades rafraîchissantes au retour du travail, les jours chauds de l'été, me reviennent à la mémoire et je repense au *thrill* de me baigner nu les soirs de grandes chaleurs...

Je revois le grand jardin auquel ont travaillé mon père, ma mère, Jeanne, les enfants et moi-même. Je m'étais muni d'un petit tracteur dernier modèle, très pratique, pour les travaux de jardinage. J'ai la nostalgie de ce passé heureux.

Dimanche, le 22 janvier 1984

Hier soir, Pierre était ici. Il part demain pour le Texas où il participera à un consortium sur les « fluides ». J'étais heureux, car c'était une excellente occasion pour causer avec lui. Nous avons trop peu de moments pour discuter, lui et moi.

Dans la voiture, Pierre me parlait de sa carrière et de ses recherches scientifiques. Mon fils réussit magnifiquement. Depuis qu'il a obtenu son doctorat en génie mécanique de l'Université de Kingston et sa maîtrise du M.I.T. à Boston, il donne des conférences, écrit des articles, dirige des thèses et enseigne à l'Université du Québec. Pierre a survécu à une grave maladie au cours de laquelle il a dû subir une opération importante. Il a bien récupéré et est resté plein de vie et d'enthousiasme. C'est toujours agréable de causer avec lui. Il est joyeux.et a trouvé où aller chercher le bonheur.

Je voudrais lui parler du bonheur. Je crois en effet qu'il n'est pas dans le plus beau pays du monde; il n'est pas dans la bonne chair; il n'est pas dans le simple retour à la nature, ni dans l'art, ni dans le travail bien accompli. Le bonheur est bien dans un peu tout cela mais, avant tout, il est au-dedans de soi et souvent on le trouve dans la solitude.

C'est drôle, Michel aussi pense que le bonheur est dans la solitude. « Quand je me retire, quand je ne veux parler à personne, dit-il, c'est que je déborde de bonheur. J'y goûte mieux en m'isolant. » Pour Pierre, ça devrait être la même chose. En le laissant à l'aéroport, je n'ai réussi qu'à lui transmettre une parcelle de ma pensée : « Le bonheur, lui ai-je dit, c'est à nous d'y voir.»

J'ai pris la route du retour et je songeais que pour être heureux ainsi, seul, dans le silence, il faut beaucoup de paix intérieure. En ce sens, je suis fier de mes enfants qui m'aident à trouver le bonheur et à mieux me connaître moi-même.

Où est-ce que moi je le cherche, le bonheur ?

« Le nombre de nos années ? Soixante-dix, quatre-vingt pour les plus vigoureux : elles s'enfuient, nous nous envolons ! » (Ps 89)

14 avril 1984

C'est une semaine sainte que j'aurai toujours en mémoire. Cette journée a été pour moi un vrai chemin de croix. Tout ne va pas comme je le voudrais au magasin. L'ouvrage ne se fait pas en ordre et en temps. Je m'énerve... Le temps de l'entreposage est toujours « hectic » mais, en s'y prenant comme il faut, en suivant mes ordres, il me semble que tout irait beaucoup mieux. Mais je ne réussis pas à me faire écouter.

Ce qui se passe à ce moment est indescriptible. Le téléphone ne dérougit pas; quelques fois même, il faut laisser les lignes longtemps en attente. Les livraisons doivent se faire dans toute la ville. L'organisation de ces livraisons est très importante. Nous avons divisé la ville en secteurs et quand les clientes appellent, il faut leur préciser exactement le jour où on ira chercher le manteau dans leur secteur. Il faut les informer du prix de l'entreposage de leur manteau et du prix des assurances. On met ces informations sur des fiches et le chauffeur du camion s'en sert pour ramasser les manteaux.

Aujourd'hui, j'ai fait des certificats pour aider et voilà que le I.B.M. fait défaut et je me demande en plus si c'est bien à moi à faire ce travail. Je me trouve bien inhabile. Peut-être ai-je atteint mon niveau d'incompétence ! Pour compléter mes déboires, un abcès se développe à la gencive sous ma prothèse dentaire et je devrai subir une chirurgie qui me semble assez compliquée et douloureuse.

Pigeon Hill, 15 avril 1984
Dimanche de Pâques

C'est une très belle après-midi. Je suis assis au soleil et j'entends deux oiseaux qui chantent et se répondent. Au loin, des corbeaux croassent. Une voiture passe toutes les demi-heures. C'est tranquille et reposant. Jeanne fricote. Elle viendra tout à l'heure s'asseoir auprès de moi sur la pelouse.

Pourquoi ne pas jouir de cet instant présent ?

J'essaie de tout oublier. Je me dis : « Prends le temps de jouir de ce qui est à ta portée ».

Pourquoi s'en faire ?

Dans le fond, je sais pourquoi je m'en fais. J'ai eu beaucoup de sujets d'inquiétude et des problèmes à régler. Et c'est ici, dans la nature, que je viens chercher un ressourcement qui m'aide à tenir le coup.

« *Mon Dieu, pourquoi faut-il toujours aller un peu plus loin ? Comme nous serions heureux si nous pouvions enfin nous arrêter un instant pour cueillir quelques fleurs sur le bord du chemin et pour dormir un peu à l'ombre des grands arbres.* » (*Le Vagabond* de D'Ormeson)

Saint-Armand, Pigeon Hill, 29 avril 1984

Il a fait un beau soleil toute la journée. Nous avons planté six rosiers et deux lilas. Les jonquilles sont toutes en fleurs.

La messe à l'église de Saint-Armand possède un cachet divin tout spécial. Quand je suis dans cette petite église, j'ai l'impression que je baigne dans le sacré. Elle est toute modeste, mais belle et imposante, bien située au cœur du village et, devant, un grand parc plein de beaux arbres. Le curé de la paroisse, le père Lou comme on l'appelle, a l'air bon et charitable.

Tout concourt à mon bonheur dans cette campagne

paisible de l'Estrie. Je crois bien que Jeanne aussi est heureuse ici avec Louis, Thomas et Noémi.

Oui, c'est la fin d'une journée parfaite qui m'a rendu très heureux.

Outremont, 10 mai 1984

Rencontre avec Albert en Italie

En quittant Albert à Paris l'an dernier, je ne croyais pas que j'aurais le bonheur de le rencontrer encore une fois cette année. En effet, Jeanne et moi allons passer une semaine avec mon frère qui fait un séjour à Rome. Il doit y effectuer un travail pour sa communauté à la Maison générale des Oblats.

C'est tellement une grande joie pour moi de passer quelques jours avec Albert ! Nous prendrons du temps pour visiter la Ville éternelle et quelques beaux coins de l'Italie.

Mon petit frère... Quand nous étions plus jeunes, il était ce que j'avais de plus précieux au monde. De quatre ans plus jeune que moi, je voulais le protéger, car je l'aimais beaucoup. Il était un compagnon de jeux auquel j'étais très attaché. À la fin de ses études, quand il a annoncé subitement qu'il entrait chez les Oblats, je ne l'ai pas compris du premier coup. Je me demandais comment il pouvait être assez stupide pour renoncer à la vie confortable et sécuritaire de la famille. Il choisissait d'aller vivre pauvrement en communauté. C'est seulement après de longues conversations que nous avons eues ensemble qu'il a réussi à me convertir. Je le rencontrais souvent lors de visites que je lui faisais au noviciat de Richelieu. Plus tard, je le rencontrais au Scolasticat des Oblats à Ottawa. Il a bien réussi à me faire aimer l'Église catholique qui sème l'amour de par le monde.

J'avais donc très hâte comme toujours à cet heureux

événement. C'est avec impatience que je me suis mis à préparer ce voyage. Tous les souvenirs heureux de la vie que j'ai partagée avec Albert me revenaient à la mémoire.

La visite que Jeanne et moi lui rendions le 7 juin 1936, le lendemain de notre mariage, semble s'être passée hier. C'est à peine imaginable que demain nous serons encore avec lui.

Est-ce que l'éternité ne ressemble pas un peu à cette impression que j'ai ? Hier et demain qui se rejoignent... et se fondent dans un moment qui devient présent... éternel !

Sicile, le 20 mai 1984

Tout oublier

Avant la rencontre prévue avec Albert, nous commençons notre voyage par la visite de la Sicile. Nous nous sommes réfugiés à la Villa del Mare. Nous avons immédiatement été médusés par la splendeur de la mer, la magnifique baie, les solides maisons d'ardoise et de briques brunes, toits de tuile. Nous retrouvons nos arbres des pays tropicaux : eucalyptus, caroubes, citronniers, lauriers. Nous nous retrempons dans l'histoire de la Sicile qui a été maintes fois conquise par des nations étrangères.

Rome, le 28 mai 1984

Le temps immobile

Nous sommes aujourd'hui à la Maison générale des Oblats, 290 rue Aurelia à Rome. Il est 6 heures du soir. Nous sommes assis dans le patio fleuri de cette magnifique résidence. C'est un moment délicieux que j'aimerais prolonger, immobiliser, éterniser. Albert, dans un moment, viendra nous chercher pour la messe. On entend les oiseaux. Il fait doux et agréable. Hélas, ce moment ne peut pas durer... il est déjà passé... Nous entrons pour la messe avec Albert.

Plus tard, après avoir pris un petit déjeuner, nous nous sommes rendus à Assise où est né saint François. Nous avons choisi ce lieu à cause de tout ce qu'évoque en nous ce grand saint qu'on dit le plus grand de l'Église. Nous l'avons choisi aussi à cause de son attrait et de la splendeur de ses monuments. Nous n'avons pas été déçus.

J'en ai profité pour méditer sur le mystère de Saint François. Il a tout laissé mais il nous a aussi tout laissé... Il a été un exemple vivant et immortel qui démontre que la vie c'est l'amour. La langue allemande a des mots très doux pour le dire : *leben ist lieben...* (la vie c'est l'amour... ou vivre est aimer !) On utilise presque le même mot pour exprimer les deux.

Albert a célébré sa messe dans la basilique, dont la splendeur et les richesses sont un curieux contraste avec la vie de pauvreté et de dénuement de Saint François. J'y ai vu le corps momifié de Sainte Claire, le crucifix qui a parlé à Saint François, le sanctuaire de Saint Damien d'où il a dicté son cantique de louange à la nature. J'ai visité la cathédrale (dôme) de San Ruffino, Notre dame des Anges dite de la Portioncule, et un monument qui m'a beaucoup touché : une statue de Saint François tenant dans ses mains un nid où viennent continuellement se percher comme par miracle deux jolies tourterelles

Outremont, 20 juin 1984

Anniversaire

C'est mon anniversaire. C'est chez Alice à Ottawa qu'on l'a fêté. Elle aussi célébrait le sien qui est le 19. Nous avons échangé nos vœux.

Mon anniversaire arrive toujours avec le plus beau

temps de l'année. Il arrive la veille de la première journée de l'été. Il y a donc beaucoup de lumière et de soleil. C'est une période où la durée du jour est la plus longue.

À notre retour, nous avons rendez-vous avec Arthur et Henriette. Nous sommes allés « bambocher », comme le dit si bien Arthur.

Dimanche, à la fête des Pères, il y a eu un repas somptueux préparé par Jeanne. Il faisait encore clair quand nous nous sommes détendus dans le solarium en observant une partie de tennis. Ce n'est que vers 9 heures qu'ils ont allumé les lumières du court. La propriété était tout illuminée. Les joueurs ont lentement quitté le terrain et, vers 11 heures, toutes les lumières étaient à nouveau éteintes pour nous laisser au calme de la nuit.

Suis-je sérieux quand je songe que je céderais bien ce bonheur en échange de grâces que je voudrais obtenir ?

Si la vie ne comportait aucune souffrance, il faudrait se demander si nous sommes sur la bonne voie. Bonheur et souffrance vont sans doute ensemble comme le soleil et la pluie. Peut-être faut-il souffrir pour avancer, mourir pour vivre.

« Seigneur, fais-nous vivre notre vie comme une fête sans fin où ta rencontre nous renouvelle comme un bal, comme une danse entre les bras de ta grâce dans la musique universelle de l'amour. » (Madeleine Delbrel)

Pigeon Hill, 23 juin 1984
Veille de la Saint-Jean

Ce matin, il fait soleil et j'écoute à la radio la symphonie pastorale de Beethoven. Cette mélodie enchanteresse est si belle que j'ai peine à croire qu'elle a été composée par un homme. On dirait qu'elle vient de l'Au-delà! Musique belle par son mouvement... j'écoute... le commencement, le milieu, la fin; la note qui est passée, suivie de la note présente, sitôt remplacée par la note qui vient, qui fait un tout qui est, qui n'est plus, qui revient sans cesse.

La vie, notre passé, l'avenir inconnu mais certain, le présent produit du passé consommé englouti dans le mystère de l'Esprit. Homme holocauste, hostie sacrifiée pour donner la vie à d'autres, pas seulement la vie animale, pas même la vie animale, mais la vie divine, une vie de l'Esprit éternel, la vie du royaume de Dieu, la Vie.

Montréal, 30 juin 1984

Messe de midi au Gésu

Une fois de plus, j'étais dans l'église du Gésu pour la messe de 11 heures et demie. Le père Larivière a prêché sur saint Benoit à qui, comme il le disait, nous devons le plus beau de la civilisation orientale. Il a évangélisé le peuple en enseignant le travail et la prière. J'ai un culte spécial pour ce grand saint qui a prêché par l'exemple.

Les Bénédictins ont cultivé la terre et développé l'agriculture. Ils ont secouru des milliers d'êtres humains et ont su démontrer que le travail individuel ou en groupe est rémunérateur.

Je trouve qu'aider les autres en leur montrant à travailler est la bonne formule. Dans le fond, les hommes veulent gagner leur subsistance, ils ne veulent pas nécessairement la charité.

Mon père s'inspirait beaucoup de Saint Benoit. Il a enseigné toute sa vie que c'est par le travail et l'ordre qu'on atteint le bonheur. C'est ce qu'il réalisait lui-même tout en me l'enseignant. Il m'a appris un travail bien léger si on le compare à celui bien austère des Bénédictins.

Saint-Jules, 5 août 1984
Retraite

C'est dimanche matin. Il ne reste que quinze minutes pour la messe.

Que de réflexions s'offrent à mon esprit !

Thérèse est est allée nourrir ses visons. Léo s'affaire à réparer la clôture par où se sont échappés les moutons.

Stéphanie joue du piano.

C'est tranquille, il fait beau.

J'essaie d'oublier les inquiétudes du magasin qui sont en train de miner ma santé.

Oublier...Mais, pendant que j'oublie, rien ne se règle. Les difficultés sont toujours présentes. Qu'est-ce que je veux vraiment ?

J'aspire au jour où je pourrai redevenir libre. Être libre, pour moi, c'est n'avoir plus rien à faire sinon ce qui me plaît.

Malgré toutes les apparences, malgré tous ces moments heureux, je souffre en silence.

« Je ne suis pas éloigné de croire moi-même que la vie, pour chacun, est une vallée de larmes et d'épreuves. Qu'importe! Les fleurs poussent dans cette vallée, et nos pleurs les arrosent. Jusqu'au bout des larmes, jusqu'aux souvenirs des épreuves qui sont pleins de délices puisqu'ils appartiennent à la vie. Je ne sais pas à quels malheurs je suis promis en ce monde, mais je n'aurai pas assez de l'éternité pour me réjouir d'y avoir vécu. » (D'Ormesson)

Outremont, 20 septembre 1984
Visite de Jean-Paul II

Le Saint Père, le pape voyageur, nous a quittés ce soir. Le départ a été spectaculaire. Jeanne et moi avons tout suivi à la télévision.

Je suis triste. Comment exprimer ce que je ressens ?

Je remercie Dieu pour la visite du pape. Moi, j'ai eu l'impression que c'est Dieu sur terre qui est venu nous voir.

Il n'a pas seulement visité les grands et les riches, mais aussi chacun de nous individuellement.

J'ai compris qu'il disait : « N'ayez pas peur ! Dieu, moi, son représentant sur la terre, je suis avec vous. Dieu est avec vous. Dieu est avec toi, Philippe, et il t'aime, te soutient. »

Jean-Paul II est un messager de l'Évangile. Il est le message. J'ai compris que Dieu par son Église est près de moi et que c'est à moi de Le recevoir comme j'ai reçu le pape.

Jean-Paul m'a ramené à la réalité. Dieu est toujours là présent dans son Église et j'avais presque oublié comme il était proche.

Outremont, 3 novembre 1984

Martyre du père Jerzi Popieluszko

C'est en Pologne, tout près de nous, qu'a lieu le martyre du père Popieluszko ! J'en reste muet et tellement impuissant. Je crois bien que l'humanité n'a pas encore appris. En Inde a eu lieu le meurtre d'Indira Gandhi. Que faire d'autre que de prier pour que ce sang versé ne le soit pas en vain.

Outremont, 25 décembre 1984

Noël

Nous avons assisté à la messe de minuit à la chapelle des Clercs de Saint-Viateur avec Françoise et Catherine.

Jeanne toujours pleine d'énergie a préparé un réveillon gargantuesque. Elle ne pense qu'à faire plaisir aux autres.

Je dois avouer que j'avais hâte que la messe finisse afin de me repaître de tous ces mets délicieux et alléchants.

Aujourd'hui, Philippe Aubert et Nicolas sont venus nous voir et nous ont apporté des cadeaux. Frédéric, Geneviève et Robert, son ami, sont venus dîner.

Et un autre Noël s'est éteint.

Outremont, 26 décembre 1984
Les fruits inconnus

À l'extérieur, il fait un froid de loup. Nous avons eu un téléphone de Thérèse en Gaspésie pour nous souhaiter un Joyeux Noël de la part de Louis, Thomas et Noémi qui sont rendus là depuis hier. Pierre, lui, nous a appelés de Chicoutimi.

J'aime bien me sentir près des miens à Noël. Pour moi, c'est le plus grand bonheur.

Je me demande pourquoi je m'énerve devant mon impuissance à changer les choses ? Quoi que je fasse, mes enfants et petits-enfants sont libres. Ils doivent aller vers leur destin, ce sont eux qui doivent choisir.

C'est difficile de ne rien dire et d'accepter. C'est surtout très épineux de contrôler l'angoisse que cela engendre.

Ma façon à moi de prendre le dessus, c'est en ayant confiance en Dieu. J'essaie de L'écouter. À Noël, Emmanuel, Dieu est avec nous. À la messe, c'est plus qu'une pensée. C'est Lui, Lui-même en personne. À Noël, je reçois un Enfant en moi, un Enfant tout-puissant qui, je le sais, fera tout pour moi.

« Quelle folie d'avoir cru que le résultat apparent de nos efforts importe un tant soi peu... Ce qui compte c'est ce pauvre effort lui-même pour tenir la barre et les fruits inconnus, imprévisibles, inimaginables de nos actes se révéleront un jour dans la lumière, ces fruits de rebut,

ramassés par terre que nous n'osions pas offrir. »

Ce sont là des pensées consolantes qui ressortent de la lecture de Mauriac, notamment de son roman *Le Mystère Frontenac.*

Y aurait-il analogie avec le mystère McComber ?

L'histoire le dira.

1985

ÂGE D'OR

Parmi les nombreuses activités du Club Les Ultramontais, il y a la peinture à laquelle Jeanne participe activement. (Photo: *Le Bel Âge*, février 1990)

Outremont, 6 janvier 1985

Le temps de l'âge d'or

C'est déjà l'Épiphanie ! Comme le temps passe ! Comme il fuit ! L'événement attendu est à peine arrivé qu'il est déjà passé. Hier soir, Annette, Jeanne et moi discutions d'un voyage possible en Israël. C'est problématique, à cause de la situation politique dans ce pays, mais comme ce serait beau ! Ai-je le temps ? Aujourd'hui, j'oublie tout.

L'important, ce n'est pas de voyager ou non, c'est de vivre le moment présent et le moment présent, c'est aujourd'hui dimanche matin. « *Le plus beau moment du dimanche, ce sont ces deux heures entre la prêche et le déjeuner.* » Coïncidence, je trouve cette phrase dans un livre que Pierre a oublié ici : *Le dernier été*, de Herman Hesse. Pour moi aussi, le plus beau moment non seulement du dimanche mais de la semaine, c'est ce moment-ci.

Aucune hâte, je prends le temps, avec un grand T. Il faut prendre notre temps, le tenir, le palper. Il est si précieux, si beau, si éclatant... comme le soleil dans le solarium ce matin.

Je voudrais apprendre à prendre mon temps, à l'adorer presque. Est-ce si ridicule ?

Je lis d'Ormesson :

« *Le temps a toutes les caractéristiques des grandes divinités: l'universalité, la toute-puissance, l'omniprésence et pourtant l'invisibilité, une cruauté inouïe, toutes les douceurs du pardon, de l'oubli, de la guérison... Le temps c'est un dieu sans pitié, impartial, follement juste, toujours exact, impitoyable... Si je n'étais pas chrétien, c'est le TEMPS que j'adorerais...* »

Je suis parvenu au TEMPS du TROISIÈME ÂGE, LE TEMPS de cesser de travailler pour gagner des sous, le TEMPS de VIVRE à PLEIN TEMPS. C'est ce que je veux essayer d'employer en cette nouvelle année.

Je n'y suis pas parvenu jusqu'à aujourd'hui. Il y a toujours en moi une inquiétude. Est-ce le regret qui m'envahit ? Est-ce le passé ? Le regret de tout ce que j'aurais pu faire et que je n'ai pas fait ? Est-ce la travail qui me fatigue ou est-ce simplement l'approche de la fin ? C'est un temps pénible. Actuellement, je trouve dans les activités du club de quoi calmer mon inquiétude et satisfaire ce besoin d'action qu'il y a toujours en moi. *Time is money.* J'essaie d'en profiter le plus possible pendant qu'il passe..

Outremont, le 7 janvier 1985
Crise interne

Me revoici dimanche matin, « le plus beau moment entre la prêche et le déjeuner ».

Mon cœur déborde de tout ce que je voudrais écrire et je n'ose. Je suis déprimé. J'ai le cafard !

Est-ce que je dirais que je me sens insécure face à ma retraite ? Que j'ai peur d'arrêter de travailler, que ce serait injuste d'arrêter de travailler et de laisser Louis tout seul.

Est-ce que je déteste travailler ? Que je le fais parce qu'il faut que je le fasse ? Il a toujours fallu que je pourvoie aux besoins de ceux que j'aime... que je voulais tout leur donner...que je les aime encore et que je veux encore tout leur donner...

Outremont, 23 janvier 1985
Chasse aux phoques

« L'arrêt de la chasse aux phoques aura un jour ou l'autre des répercussions néfastes sur ces mammifères dont la population deviendra trop dense. » C'est ce qu'a affirmé Benjamin Simard, professeur de médecine vétérinaire à l'Université de Montréal, à la commission d'enquête sur l'industrie de la chasse aux phoques.

J'espère toujours que la vérité se fera sur ce problème de la disparition des phoques et sur cette contre-vérité que l'industrie de la fourrure encourage la cruauté aux animaux. Le contraire est vrai. L'industrie de la fourrure concourt à la préservation des races. Je songe à ce qui se passe quant aux visons et aux castors. On produit par l'élevage plus de visons (vingt millions de peaux l'an passé) qu'il n'a jamais été produit de visons sauvages.

Dès qu'on a réglementé la chasse aux castors, ces derniers

se sont reproduits au point de devenir nuisibles, causant des inondations à cause des barrages.

La campagne contre la chasse aux bébés-phoques lancée par Brigitte Bardot a fait un tort immense à l'industrie de la fourrure. Les Indiens et les chasseurs de phoques des Iles-de-la-Madeleine en ont beaucoup souffert. Il est ridicule de s'en prendre à un gagne-pain de ceux qui chassent pour survivre tout en apportant un équilibre à la prolifération des stocks.

L'expérience de la conservation des phoques des Iles Pribiloff par les Américains est révélatrice. La belle fourrure du phoque a toujours été un article estimé des consommateurs. Le contrôle que fait le gouvernement sur les troupeaux de phoques dans le Pacifique et dans les mers du sud assure non seulement la survivance de la race mais aussi une production continue de la fourrure.

Je suis révolté de voir qu'en ce siècle il y en a qui font des affaires payantes à orchestrer une campagne sentimentale et émotive contre une industrie constructive. L'I.F.A.W. (International Fund Animal Welfare) comptait 800 000 membres en 1970 avec un budget de six millions de dollars en attendrissant le cœur des amis des animaux. Qui plus est, Brigitte Bardot a fait sa campagne de recrutement au moyen d'une photo d'un mignon blanchon tout blanc, teinté de rouge.

Je préfère de beaucoup une approche plus constructive. On devrait faire la réglementation de la chasse au phoque comme elle existe dans l'industrie de la pêche. Il faut promouvoir une industrie bien organisée. Des fonds pour une telle industrie seraient plus utiles aux travailleurs qui chassent le phoque, qu'une campagne contre l'utilisation d'une denrée aussi vitale.

Outremont, 31 janvier 1985
Cauchemars

J'ai passé une très mauvaise nuit, pleine de cauchemars. Je suis resté quelques temps au lit en y repensant et, comme je le fais toujours, j'ai essayé de donner un sens à ces rêves. En me levant, je réalise que j'ai toujours ce malaise à la poitrine. Serait-ce que je fais de l'angine ? Je suis tendu et contracté. J'ai pensé à ne pas aller travailler. J'aurais aimé rester à la maison. Je suis inquiet et nerveux.

Outremont, 22 février 1985
V pour Victoire

Comme je le fais souvent, je me suis rendu au magasin en prenant l'autobus 80 qui descend l'avenue du Parc. C'est pratique car j'évite les stationnements du centre-ville qui sont souvent engorgés. J'en profite pour faire un brin de lecture le long du trajet.

Je suis encore tendu. Assis dans l'autobus, je réalise que j'ai envie de pleurer. Je souffre beaucoup. Je ne peux pas pleurer dans l'autobus, que penseraient mes voisins ! Je suis triste de penser que je n'ai plus la force de faire tout ce que je voudrais faire. Je n'ai plus la force de faire tout ce qu'il faudrait que je fasse... Quand je vois l'ampleur des tâches qu'il y a à accomplir et que je ne peux faire plus, je m'énerve. Pourquoi Louis et Thierry ne le font-ils pas ? C'est certain, il y a de l'ouvrage pour six et nous ne sommes que trois. Deux et demi... si j'étais plus jeune » !

Il me semble qu'ils ne « priorisent » pas ce que moi je passerais en priorité... Plutôt que de discuter et de me battre, je décide de partir et je reviens à la maison.

Quelle sensation bizarre je ressens à me demander si je suis encore utile ! En remontant l'avenue du Parc, je passe

devant le Parc de la montagne et je remarque une fois de
plus le grand monument qui fait partie de ce décor depuis
tant d'années.

V pour victoire... Arrivé à la rue Mont-Royal, je réalise
que je m'amuse avec les lettres. V est une lettre tellement
significative. V, en chiffre romain, représente le cinq,
nombre sacré chez les arabes : le V, cinq, représente Allah.

V pour le verbe, qui est la Voie, la Vérité, la Vie. V pour
Voler, porté par le Vent, le souffle de l'esprit qui nous mène
au Voyage, en Vacances!

V pour Vigne, symbole de fécondité, vin : conViVialité,
cordialité, le sang qui coule dans les Veines...

V pour Vase, Vagin de la Vierge qui a été fécondé par le
Verbe qui nous a donné la Vie.

Voici Venir le printemps avec le retour de la Verdure et
le Vent qui me pousse Vers la Voûte céleste, Vaisseau sacré
de l'Église, la Vraie Voie Vers la Vie...

Voici arriVée la rue Bernard. Je descends de l'autobus
et je Vais Vers la maison en me trouVant un peu ridicule de
Voltiger et de passer du temps à m'amuser avec des « V »
quand j'ai tellement de problèmes sérieux au magasin... Je
me sens Vidé, Vieux, Vieilli, Vidange. Dans la Ville pourtant, j'ai tellement enVie de Vivre et je dois trouVer une
Voie, une nouvelle Vocation sans saVoir si je le Veux
Vraiment... Vente... Vendre... Il faut Vendre...

Outremont, 23 février 1985

Jean-Paul accueille Steve Kakfwi

Jean-Paul II promet au chef de la tribu des Denes de
venir le visiter au Fort Simpson à sa prochaine visite en
Amérique. Ce sera probablement le printemps prochain.
Je suis rempli de joie à la pensée que le pape est sympa-

thique au sort des autochtones alors qu'ici nous les consi-
dérons comme des entités négligeables.

Du haut des airs, 2 mars 1985
Voyage en Espagne

Adieu, inquiétude et travail harassant !
Voici que nous volons dans un gros 747 d'Iberia. Je suis
avec Jeanne et Annette. Nous avons décidé de prendre le
large afin de nous reposer. Nous allons passer un mois, un
long mois à l'Hôtel Melia de la Costa Rica.

Annette a décidé de dormir. Jeanne lit en attendant que
le sommeil la gagne. Moi, j'écris mon journal. Le vol est
calme; il y a de petits soubresaut de temps à autres qui sont
dus aux poches d'air. Je me suis commandé un cognac et je
réalise que je parviens à me détendre.

Oui, nous sommes en route vers l'Espagne, le pres-
tigieux pays qui, à un moment donné de l'histoire, se
partageait avec le Portugal une partie de l'univers.

Gibraltar, 9 mars 1985
Costa del sol

Le voyage va bien et nous sommes tellement occupés
que je n'ai pas le temps d'écrire mon journal. J'ai à peine le
temps d'énumérer tout ce qui m'arrive de beau.

Hier, un luxueux bus Pulmann dernier modèle nous
amenait à Gibraltar. Je redécouvre la Costa des Sol sur
laquelle ont poussé comme des champignons de hauts édifices de plus de vingt étages. On y voit de beaux hôtels, des
condos, de magnifiques maisons à appartements; il me
semble qu'il y a de l'espace pour loger tout le continent
européen. Le guide nous dit précisément qu'il y a conti-

nuellement en Espagne trente millions de visiteurs, ce qui est plus que la population du pays !

Soudainement, l'autobus arrête à un endroit d'où nous pouvons observer le gigantesque roc de Gibraltar. C'est un symbole de solidité et de permanence. L'immense rade peut contenir toute la flotte de l'Atlantique et de la Méditerranée ainsi que la piste d'atterrissage.

La soirée est arrivée bien vite et s'est terminée très agréablement. Nous avons dansé... Grâce à la patience et à la ténacité de Jeanne, je me suis dégêné et nous avons parti le bal en y allant de quelques cha-cha-chas, rumbas et sambas. L'accordéoniste semblait apprécier que nous dansions à ses mélodies. Notre exemple a entraîné quelques couples qui se sont joints à nous.

Torremolinos, 18 mars 1985

Revivre

Il m'a fallu un grand effort, mais je suis quand même parvenu à me « saucer » dans l'eau froide de la mer. Je suis tout fier de moi ! « Le corps nouveau apaisé que l'on reçoit comme récompense d'un effort physique extraordinaire m'a fait comprendre et admirer les coureurs ».

À la messe ce matin, j'étais tout ragaillardi et en pleine forme. Un texte d'Isaïe me touche : « Oui, je vais créer un ciel nouveau et une terre nouvelle, car je crée une Jérusalem de joie, un peuple d'allégresse. On y entendra plus de cris ni de pleurs... On y verra plus d'hommes qui ne parviennent pas au bout de sa vieillesse, mourir avant cent ans sera une malédiction. »

Puis, le psaume 29, qui semble avoir été écrit pour moi : « Quand j'ai crié vers toi, tu m'as guéri, Seigneur, TU M'AS FAIT REMONTER DE L'ABÎME ET REVIVRE quand je descendais à la fosse. Tu as changé mon deuil en une DANSE. Que sans fin, Seigneur, mon Dieu, je te rends grâce. »

Malaga, 19 mars 1985

La cathédrale de Malaga

La cathédrale de Malaga n'a qu'un seul clocher. Paraît-il qu'ils ont manqué de fonds pour en construire un deuxième.

Cette cathédrale contient de grandes richesses. J'ai admiré son chœur en bois sculpté qui me fait étrangement penser à Saint-Viateur d'Outremont. J'ai été surpris en apprenant que tous les trésors en or — ostensoirs, calices, etc. — ont été saisis par l'armée communiste pendant la guerre civile. Ce qu'on voit, ce sont des fac-similés plaqués or.

Torremolinos, 28 mars 1985

Mon journal

J'écris mon journal pour relater ce que je fais. Ce que j'écris, c'est mon action. J'y raconte les événements joyeux, les moments tristes, les jours heureux, les jours de deuil, les joies, les peines, les naissances, les morts, les arrivées, les départs, le travail astreignant, les loisirs délassants, les nuits de repos, les jours d'exercices; j'essaie de me raconter ce qui me fait garder un équilibre entre l'âme et le corps.

Je n'écris pas pour raconter qui je suis puisque je ne le sais pas au juste. Je pense pourtant que mes actions doivent traduire ce que je suis.

Je sais que je suis plein de bonnes intentions, mais ce que je fais n'est pas toujours conforme à ce que je veux.

J'écris ce que je deviens et ce que j'emmagasine. Je parle des êtres que je rencontre et qui font partie de ma vie. J'apprends de la vie. Les voyages, les livres, les gens et les langues m'apprennent beaucoup.

Ce que j'apprends des autres m'appartient, me complète, me rend plus universel, plus tout à tous, plus UN avec l'Univers.

Mon journal, c'est un miroir qui reflète mon image et me fait paraître tel que je suis. C'est du moins ce que je voudrais.

Outremont, 6 avril 1985

Anniversaire de mon père

Le voyage s'est terminé et nous sommes revenus à la maison. La routine quotidienne recommence. Comme à tous les matins, je jette un œil sur le calendrier et je me rends compte que c'est aujourd'hui la date anniversaire de naissance de mon père. Il aurait 111 ans !

Une émotion m'étreint quand je pense à tous les anniversaires de mon père que j'ai passés sans même avoir une pensée pour lui. Mon père à qui je dois de m'avoir éduqué avec beaucoup d'amour et de patience. Lui à qui je dois le métier qu'il m'a enseigné et qui m'a permis de bien gagner ma vie. Métier aussi qui m'a permis de rencontrer et de connaître un grand nombre de personnes. C'est grâce à mon père donc que j'ai mené une existence utile et agréable.

Ce n'est qu'aujourd'hui que je réalise qui était mon père. Il n'était pas le produit de quelque grande université mais, par son œuvre, il a fait autant pour la culture et l'éducation que bien des grands professeurs !

Il était un créateur. Il a trouvé en lui le secret de produire. Il produisait un article de grande beauté, un vêtement utile et agréable à porter. Il vendait le manteau de fourrure à prix modeste, que, encore aujourd'hui beaucoup de consommateurs regrettent.

Il était surtout un éducateur et nombre de ses ex-employés ont appris de lui le sens des affaires, du travail et du devoir.

Outremont, 7 avril 1985
Dimanche de Pâques

Je viens d'entendre et de voir à la télévision Paul Misraki, un musicien, un Juif converti à la religion catholique. Je trouve qu'il a une belle personnalité et qu'il a l'air heureux. Physiquement, il respire la bonne santé. Il dit qu'il croit au Christ.

Le Christ est la Pensée de Dieu, le Verbe qui s'est fait chair, devenue du pain qui me nourrit et me tient en vie.

Saint Jean dit textuellement : « Prends et mange le petit livre. Il remplira tes entrailles d'amertume mais dans ta bouche il sera doux comme le miel. » C'est une nourriture qui m'apporte le bien-être physique et moral. Pour moi, c'est concret et réel. La pensée, la parole qui nourrit et transforme l'homme en un homme nouveau. C'est tellement beau, profond, mystérieux et pourtant si simple.

Le fait d'y croire change ma vie qui est parfois douloureuse, en joie et sérénité continuelles.

Outremont, 10 avril 1985
Pierre Dansereau reçoit un prix Killam

Il me fait plaisir d'apprendre qu'un homme comme Pierre Dansereau est récompensé. Il est un éminent écologiste, un grand professeur, un éducateur et un communicateur que j'admire beaucoup.

J'aime l'entendre dire : « *Il y a des choses que nous avons laissé tomber : la religion et la langue !* » Cette autre phrase aussi : « *On discerne chez les jeunes une certaine mollesse, une certaine paresse. Manque de capacité de réfléchir, manque de pouvoir assumer cette fameuse liberté dont ils vous parlent.* »

Il est aussi optimiste : « *Nous avons une masse de jeunes, dont plusieurs sont militants, qui s'attellent authentiquement à la tâche de TRAVAILLER à la compréhension et à l'aménagement de l'environnement, un désir de CRÉER un modèle nouveau, d'INVENTER, de faire pour la première fois au Québec ce qui n'a pas été fait ailleurs !* »

Outremont 12 avril 1985
Ubald Malo - Bertha Gérard

J'ai trouvé ce matin une photo, dans le numéro de *L'Âge d'or/Vie Nouvelle* de mars 1985, qui décrit la vieillesse heureuse d'un couple uni qui a vécu une longue vie dans la crainte du Seigneur. Je réalise qu'il s'agit d'Ubald Malo et son épouse Bertha Gérard. Elle était une des filles de ma tante Délias qui elle-même a été la seconde mère de papa. En fait, c'est dans leur foyer qu'a fini ses jours la tante Délias, morte dans leur bras à l'âge de 92 ans. Elle était presque ma grand-mère et elle est l'arrière-grand-mère du Cardinal Jean-Claude Turcotte.

Pigeon Hill, 21 avril 1985
Le temps des fleurs

C'est notre premier week-end à la « Côte-au-Pigeon ». Quel plaisir de retrouver la campagne ! Je retrouve avec satisfaction le bon air et la tranquillité. Je me réjouis surtout de me retrouver en compagnie de Louis et de mes deux joyeux petits-enfants.

Nous sommes ici grâce à Louis qui voulait faire plaisir à Jeanne. Elle est venue planter des fleurs: des pétunias, des giroflées, de la menthe, huit plants de tomates et deux plants de concombres.

J'ai hâte à demain. Nous irons chercher Albert à l'aéroport.

Outremont, 28 mai 1985

Albert est sur le continent depuis plus d'un mois maintenant. C'est mieux que lorsqu'il est en Afrique, mais nous sommes tellement occupés de part et d'autre que nous ne nous voyons pas assez à notre goût. Il habite la maison des Oblats de la rue du Musée. Vers 5 heures et demie, il vient me rencontrer au coin de l'avenue des Pins et de l'avenue du Parc et, à pied, par la route ombragée du flanc de la montagne, nous remontons ensemble à la maison en discutant et en anticipant le copieux souper que Jeanne a toujours le soin de nous préparer.

Je lis le journal et je me réjouis qu'on y dénonce le déficit du Canada. C'est un problème majeur. André Saumier, président de la Bourse de Montréal déclare : « Chaque bébé qui naît a une dette de 15 000 $. » Ce per capita est passé de 180 $ en 1966, à 1 200 $ en 1976 et à 15 000 $ en 1985. IL FAUT SORTIR DU DÉFICIT ! « Le choix de Michael Wilson de réduire le déficit est un pas dans la bonne direction. » Les conservateurs ont de bonnes intentions. Fasse le ciel qu'ils réussissent !

Quand mettrons-nous à la tête du pays non pas des politiciens mais de vrais administrateurs ? Je me souviens qu'en temps de guerre, des chefs d'entreprises prêtaient leurs services au gouvernement pour un dollar par année. Pourquoi cela ne se ferait-il pas dans la présente crise du déficit pour régler un problème encore plus désastreux que la guerre et que les politiciens n'ont pas le courage ni la compétence de régler eux-mêmes ?

Outremont, 28 mai 1985
Jean-Paul II et Ali Agça

Le journal *Le Monde* publie aujourd'hui la photo de Jean-Paul II dans la cellule du jeune Turc Mehmet Ali Agça, celui qui a tenté de l'assassiner en 1983. Ce geste de rencontre et de pardon de Jean-Paul II m'a fort impressionné. Il est encore plus élevé dans mon admiration. Il donne au monde l'exemple du pardon qui, je le crois, est le seul moyen de ramener la paix entre individus et nations.

Outremont, 24 juin 1985
Éviter le petit déjeuner !

J'ai trouvé aujourd'hui un entrefilet sur un principe de nutrition que je préconise : celui d'éviter le petit déjeuner. J'ai toujours accordé beaucoup d'importance aux problèmes de santé et ma recherche en nutrition est assez poussée. Les diététiciens Harvey et Marilyn Diamond disent que le fait de sauter le petit déjeuner est un principe de bonne alimentation. J'ai maintes fois fait la preuve que ce régime est bon. J'évite aussi de manger de la viande et des pommes de terre au même repas.

« L'amidon et les protéines combinés dans un seul repas — de la viande et des pommes de terre par exemple — gênent la digestion parce que leur décomposition nécessite des sucs gastriques dont les effets sont contraires. » Cela confirme mes propres convictions sur ces principes que j'ai maintes fois expérimentés avec succès.

Nominingue, 8 juillet 1985
Visite à Nominingue

Nous voyageons avec Albert. Il prend ses vacances avec

nous. Il en profite pour aller prêcher dans différentes paroisses où il a des engagements et nous le pilotons. Hier, il a dit sa messe dans la petite chapelle des Clercs de Saint-Viateur, près du parloir.

J'aime beaucoup la compagnie de mon frère. Il est toujours de bonne humeur, il semble ne s'inquiéter de rien.

Nous sommes arrivés chez Michel au Lac Sainte-Marie assez tôt dans l'après-midi pour que je puisse aller faire un tour de pédalo avec Catherine. Je ne cache pas que je préfère la voile.

Michel en a profité pour faire visiter les lieux à son oncle Albert. Celui-ci est tout émerveillé du travail de géant accompli par son neveu pour améliorer le terrain. Il a ensemencé un grand potager, transporté de la terre, construit une fosse à terreau et remplit le marécage.

Moi, j'observe en silence l'enthousiasme de Michel qui est bien fier de son travail et je ne finis pas de me rendre compte combien Michel est un bon fils dont je n'ai pas su apprécier les grandes qualités.

Sur la route, 3 août 1985
Québec, Saint-Lazare, Saint-Nérée

Nous accompagnons Albert qui nous fait découvrir de pittoresques villages dont j'ignorais l'existence. Pourtant, ils sont si précieux et intéressants à bien des égards.

Puis, nous filons vers Saint-Jules, en Gaspésie. Albert, lui, se retire à la Maison Marie Reine-de-la-Paix qui est la maison des Oblats aux Caps Noirs.

Thérèse a amené son oncle voir le Rocher Percé. Elle connaît maintenant tous les recoins de la Gaspésie. Chose inusitée, nous avons chanté en chœur dans la voiture. Thérèse a entonné le *Oh! Carillon !* et nous avons tous suivi. Comme nous étions joyeux pendant que défilaient les caps, les petits villages et la Baie des Chaleurs ! Le Rocher est apparu en haut de la Côte Surprise, resplendissant et majestueux. Nous sommes revenus dans la soirée et nous avons regagné nos abris respectifs, Albert à la maison des Oblats et nous à Saint-Jules, chez Thérèse.

Au retour, après ces beaux jours, nous nous sommes arrêtés au Cap-de-la-Madeleine. Thérèse nous accompagnait. Elle a conduit la voiture pendant plusieurs kilomètres, ce qui nous a épargné beaucoup de fatigue.

Outremont, 8 septembre 1985
Le temps des adieux

C'est dimanche. Je revisite le passé et je pense à l'avenir pendant ce moment de détente et de paix.

Hier, nous sommes allés reconduire Albert à l'aéroport de Mirabel. La séparation m'a été pénible. Je me demande si c'était la crainte de ne plus nous revoir... ou l'incertitude de l'avenir.

Il a fallu que je me raisonne et je me suis dit que j'étais bien égoïste. Je voudrais garder mon frère pour moi et je réalise qu'il ne m'appartient pas. Il s'est donné à sa communauté, à ses « Basutos », nom qui désigne les habitants du Lesotho, anciennement le Basutoland. Sa vie leur appartient. Je pense qu'il est heureux avec eux.

Je lui ai demandé quand il reviendrait. « Pas avant trois ans, peut-être quatre, mais sûrement pas plus de cinq ! m'a-t-il répondu.

Je ne sais pas à quoi il aspire mais, pour moi, c'est l'espérance d'un désir comblé de vivre ensemble quelques mois, quelques années peut-être.

Outremont, 5 octobre 1985
Plaisirs de l'Âge d'or

Mardi soir, nous sommes allés à une soirée d'ouverture de l'Âge d'or de Ville Mont-Royal. C'est Annette qui nous y a invités. Nous avons dansé en plein air à la musique d'Andy Antonacci.

Nous avons aussi eu le plaisir d'une danse au Centre des Arts et Loisirs, animée par Lucille Ratelle.

Dimanche, nous avons participé à des danses de ligne. L'événement, qui a regroupé près de deux cents personnes, avait lieu à l'aréna Maurice Richard. Des animateurs rendaient la soirée très vivante.

J'essaie d'être heureux avec ce que j'ai, malgré tout ce qui va mal. J'essaie d'arrêter et de rendre gloire à Dieu pour tout ce qui va bien.

Je reconnais que l'âge de la retraite est plus favorisée que ne l'était celle de la génération qui nous a précédés et houp ! à l'œuvre !... car je dois compléter la première partie de mon journal.

Outremont, 15 octobre 1985
À la messe de 5 heures samedi, Jeanne et moi apercevons sur le feuillet paroissial un communiqué des Ultramontais annonçant un souper-danse au Centre des Arts et Loisirs à 10 $ le couvert le soir même à 6 heures !

C'est très modeste comme coût. D'un commun accord, nous décidons de nous y rendre; c'est si proche, presque à la sortie de l'église. Ça fera notre souper et peut-être pourrons-nous pratiquer quelques unes de nos danses favorites !

Heureux hasard. Nous avons rencontré des directeurs de FADOQ, plusieurs Ultramontais fort sympathiques, dont M. Desautels qui faisait du recrutement pour son club ! C'était le soir de l'assemblée générale. Au cours de la soirée, il m'a offert une place sur le C.A, proposition que j'acceptai après consultation avec mon épouse. C'est ainsi que je suis devenu administrateur du club dès ma première apparition à une assemblée.

À ce moment, j'ai pressenti que j'avais trouvé un mouvement dans lequel il y avait place pour beaucoup de rencontres agréables et d'activités communautaires joyeuses.

Devenus plus libres de travail matériel, nous étions heureux, ma femme et moi, de trouver cette activité de loisir où il nous sera donné de faire des choses ensemble pour nous divertir et en même temps être utiles en défendant et valorisant la cause des aînés.

Outremont, 25 décembre 1985
Messe de minuit à la chapelle

Catherine a préféré aller à la chapelle des Clercs de Saint-Viateur plutôt qu'à celle du Gésu où nous sommes allés l'an passé. En plus de Catherine, il y avait Laurent, Françoise, Thérèse, Geneviève et Noémi. La petite chapelle était remplie. Jeanne a même dû aller en haut, dans le jubé !

Le réveillon a eu lieu chez Michel et Pierre s'est joint à nous. J'aime beaucoup les moments que je peux partager avec les miens à la grande table ronde héritée de ma famille. Chez Michel, il y a aussi, dans le coin, la vieille horloge grand-père de grand-papa Roux. Ce décor patriarcal rend l'atmosphère très chaleureuse. Cette nuit, je trouve la vie très belle.

Je songe à tous mes amis qui m'ont laissé cette année et je crois que j'apprécie davantage la joie et le plaisir d'avoir des enfants près de moi à l'âge de la vieillesse, en cette veille de Noël.

Si je résume l'année, je dirai qu'il y a eu en 1985 beaucoup de beaux jours ensoleillés et d'autres pluvieux et pénibles. L'année 1985 aura été surtout l'année providentielle où je me suis réconcilié avec l'âge d'or, l'année où j'ai assumé mon rôle d'aîné, celui de faire du travail non payant mais du travail que j'ai toujours aimé faire : organiser des activités utiles et joyeuses.

Mais il me faut dire aussi que je vois dans le mouvement de la Fédération de l'Âge d'Or un moyen unique et providentiel pour les aînés de jouer un rôle positif et utile dans une société en désarroi.

1986
CINQUANTIÈME ANNIVERSAIRE DE MARIAGE

Cinquantième anniversaire de mariage, le plus beau jour de ma vie après celui de mon mariage en 1939. Dans l'ordre habituel : Louis, Pierre, Michel, moi et Jeanne, Jean et Thérèse.

Outremont, 1er janvier 1986

Hommage à ma Jeanne

Ma vie continue. Il y aura cinquante ans cette année que je suis marié. C'est un anniversaire important et tout le monde nous félicite de l'avoir atteint.

J'ai entendu les enfants dire qu'ils voulaient fêter notre anniversaire. J'en suis tout étonné et heureux. J'ai peine à croire que tout ce bonheur est simplement l'effet du hasard. Des gens sont responsables de ce bien-être que je vis. Mon seul mérite est peut-être de savoir m'entourer de personnes de grande valeur. L'une d'elle, c'est Jeanne, mon épouse.

C'est à peine croyable de penser que nous partageons la même vie depuis cinquante ans ! Jeanne est une fée. D'un coup de sa baguette magique, elle transforme tout en bonheur. Dans les périodes difficiles, elle a toujours été à mes côtés. C'est grâce à son initiative si nous allons si souvent visiter les enfants. C'est elle qui organise les fêtes familiales. J'irais jusqu'à dire que c'est grâce à ses soins si je suis toujours en vie !

Je pense à notre implication dans le club Les Ultramontais et je réalise que toutes les activités qui marchent, c'est elle qui s'en occupe : voyages, bridge, danse, cours de fleurs et de peinture.

Intérieurement, je me demande ce que j'ai fait pour mériter tout ce bon dénouement. Je ne me trouve pas digne de tant de joies. Et si je demande à Jeanne comment il se fait qu'elle m'endure encore, elle répond qu'elle m'aime comme je suis avec mon caractère un peu bohème et malgré mes gaffes à son égard. Elle continue de me faire confiance; elle croit à ma sincérité de vouloir me corriger et faire mieux.

Nous avons passé bien des épreuves, surmonté beaucoup d'embûches et nous fêterons nos noces d'or...cette année ! J'en remercie mon épouse qui m'a supporté, aidé, épaulé, qui m'a donné cinq enfants et qui a participé à bien des activités avec moi.

Et comme le font les Indiens dans leur rituel à la maison longue, je rends grâce à l'Esprit pour tous ces dons dont il m'a gratifié.

Outremont, le 7 janvier 1986

De belles fêtes !

Contrairement à certains qui passent les fêtes en Floride, moi je les passe toujours auprès des miens. Cette année, c'est avec Geneviève, Stéphanie et Jeanne que j'ai assisté à la messe de minuit à la petite chapelle des Clercs de Saint-Viateur. Le réveillon a eu lieu chez Michel comme à toutes les années. Jeanne a reçu toute la famille pour Noël et c'est à Ottawa que nous avons fêté le jour de l'An.

À mesure que j'expérimente le troisième âge, je réalise qu'il y a un danger qui me guette et qui doit guetter aussi ceux qui sont à la retraite : c'est l'ennui. Se trouver du jour au lendemain à ne rien faire et sentir qu'on n'est plus utile n'est pas supportable.

Une fois de plus (mais ce sera la dernière), je décide de passer à Louis tous mes intérêts et obligations dans l'entreprise de fourrure. La résolution est prise et c'est définitif. Je fais le grand pas, celui d'arrêter mon activité professionnelle. C'est apeurant. Je me vois difficilement passer tous les jours de la semaine, l'un après l'autre dans notre condo de la rue Bernard. Il ne m'est jamais arrivé, depuis plus de cinquante ans, de me lever le matin en me disant que je n'allais pas travailler, à moins que je ne sois malade ou en vacances. Malgré tout, j'aimerais bien donner à Louis quelques jours de travail par semaine.

Quand mon père s'est trouvé dans cette situation, il souffrait d'une maladie de cœur et il ne pouvait faire aucun travail manuel. Il vivait, à cette époque, très confortablement avec sa nouvelle épouse dans leur maison de Châteauguay. C'est alors qu'il s'est trouvé comme occupation d'écrire ses mémoires. Il n'a donc jamais connu la triste situation de n'avoir rien à faire et de s'ennuyer.

Mon beau-père, Louis Roux, est venu habiter avec nous. Il était très fort physiquement et c'est pourquoi il a employé son temps à accomplir des petits travaux utiles : le jardin, les fleurs, la menuiserie, le déneigement. Il a aidé toutes ses filles à s'installer ainsi que ses petits-enfants. Il a été très actif jusqu'à la fin et je crois qu'il était heureux.

Dans mon cas, j'ai la chance d'avoir mon épouse près de moi. Il est vrai que jusqu'à cette année, j'ai continué à travailler au magasin en toute liberté.

Et, il y a le club des Ultramontais dans lequel elle et moi nous nous impliquons. Le Club répond à un besoin social et à un besoin d'expression.

Je suis nerveux. Les affaires me préoccupent énormément. Je ne m'ennuie pas, au contraire, car j'ai trop à faire. Je participe à des assemblées à Outremont et à Châteauguay (la Société du Musée). Et je donne beaucoup de temps au magasin. J'aimerais bien aider le plus possible.

Je me réserve néanmoins quelques moments pour écrire mon journal.

Outremont, 8 janvier 1986

Les Ultramontais

La première fois que j'ai entendu parler des clubs de l'âge d'or, c'était en 1960, alors qu'à l'instigation du curé Vaillancourt s'était formé le premier club d'Âge d'or à Chateauguay. Il me paraissait bien loin le temps où je voudrais faire partie un jour de ce groupe de « petits vieux et de petites vieilles ». Je me souviens que c'est au temps où je faisais partie d'une Commission des Loisirs à l'époque de Duplessis, période pendant laquelle se sont multipliées les organisations de loisirs. Le père Roy s'inspirait des organisations similaires en Allemagne, le « Kraft durch Freude » (la Force par la Joie) et, en Italie, le « Dopolavoro » (Après le travail). C'est suivant leurs principes qu'il a organisé la Commission des Loisirs de la province de Québec. Cette idée de loisirs a germé et c'est elle qui est à l'origine des Jeux du Québec et des clubs d'Âge d'or qui sont si florissants aujourd'hui.

Ce qui m'amène à vous expliquer pourquoi j'ai accepté

la présidence du club Les Ultramontais après que Gérard Desautels, qui éprouve des problèmes de santé, m'ait proposé de le remplacer.

J'ai d'abord hésité, j'en ai discuté avec Jeanne et, secondé par elle, j'ai finalement accepté de tout cœur. J'espère être en mesure de remplir cette tâche. Je souhaite surtout être utile à la cause des aînés dans les rangs de la FADOQ.

C'est une activité qui arrive à propos puisque je laisse de plus en plus le magasin. Et l'idée n'est pas si mauvaise, puisqu'elle me permet de me sentir à nouveau utile. De plus, la cause des aînés est tellement belle. C'est réconfortant de faire partie d'un groupe organisé et de partager ensemble toutes sortes d'activités agréables.

C'est fascinant, et je veux faire mon possible pour que tout fonctionne. Organiser des activités avec mon épouse, c'est quelque chose qui me plaît beaucoup.

Je suis ce gai luron qui agit tout en s'amusant et sans trop se prendre au sérieux. Mon but principal c'est de participer à former un groupe uni, j'ose dire qui s'aime et qui, j'espère, voit l'avenir avec optimisme.

Outremont, 28 mars 1986
Suzanne Durand meurt du cancer

La fille de ma sœur Claire est décédée aujourd'hui! Elle avait 42 ans. Claire aimait tendrement sa fille et je lui étais très attaché.

Je me souviens que Suzanne avait présenté un projet « Canada Jeunesse au travail » et produit un diaporama, *Châteauguay d'hier et aujourd'hui* qui a eu un réel succès.

Suzanne était à préparer un autre projet « Canada au travail » pour l'implantation d'un musée ou centre d'interprétation à Châteauguay. Il est possible que Suzanne, qui voulait tant vivre, continue de le faire par d'autres qui, je l'espère, réaliseront son beau projet.

Saint-Grégoire, 7 avril 1986
Partie de sucre

Un des avantages d'appartenir à un Club, c'est qu'on ne reste pas morose bien longtemps. Aujourd'hui, nous sommes allés à une partie de sucre au Mont Saint-Grégoire. Nous avions réservé un autobus de luxe. J'ai bien aimé l'atmosphère et la joyeuse compagnie, mais la nourriture des parties de sucre ne convient pas tellement à ma façon de m'alimenter. Un bon dîner aux fèves au lard, grillades, œufs dans le sirop, ne peut se refuser et je me dis qu'après tout, une fois n'est pas coutume !

Le tour de traîneau tiré par une « team » de chevaux m'a replongé au temps d'avant les voitures. Les amis chantaient et riaient. C'est dans ces moments que je sens l'amitié et la complicité qui lient toutes ces personnes qui sont appelées les vieux. C'est à peine croyable de penser que je suis moi-même un vieux. Mon esprit ne se sent pas vieux. C'est ma pauvre carcasse qui ne suit pas.

Le soir, nous avons dansé au rythme d'un orchestre campagnard. Un animateur est parvenu à mettre beaucoup de vie et de gaieté dans les activités. La journée s'est terminée et, dans l'autobus qui a ramené le groupe à la ville, je songeais au plaisir que procure le Club. Il permet de joyeuses fêtes dont nous nous sommes tellement privés quand nous étions plus jeunes.

Chicoutimi, 19 avril 1986
Visite chez Pierre

Une récompense après cinquante ans de vie commune, c'est d'être reçu à dîner chez un de nos enfants.

Nous sommes à la résidence de Pierre, rue Sydenham, à Chicoutimi. Assis sur la galerie à prendre le soleil en ce beau jour de printemps, le premier cette année dont nous pouvons jouir pleinement, Jeanne lit à côté de moi. Pierre fait sa sieste, il n'y manque jamais. Nicolas prépare son rôle pour la pièce dans laquelle il doit jouer ce soir. C'est un moment de répit... Je suis tombé endormi. Je remets mon journal à plus tard.

Pigeon Hill, 12 mai 1986
Nous avons semé

À peine revenus de Chicoutimi, nous avons rejoint notre havre de paix à Pigeon Hill pour y passer la fin de semaine.

Nous retournons à Montréal le dimanche soir par un beau soleil couchant. Le ciel resplendit de rayons que les nuages rendent d'un rose monochrome. C'est un spectacle éblouissant qui complète bien la merveilleuse journée que nous avons passée à semer carottes, oignons, radis, betteraves, laitue et épinards.

Pigeon Hill, 25 mai 1986

Il est près de 6 heures, c'est l'heure du crépuscule. Le soleil qui quitte l'horizon rend ce moment charmant. Cette lumière pure fait ressortir le vert tendre de l'herbe et des feuilles. L'odeur âcre de la terre parvient à mes narines. J'essaie de jouir intensément de cette paix du soir qui est présente.

Si seulement on avait le pouvoir de suspendre les

minutes heureuses et celui de pouvoir accélérer les moments douloureux ! La vie passerait-elle plus vite ou moins vite ?

Un oiseau me lance une petite ritournelle. Il veut me rappeler qu'il est là. Voilà Noémi qui arrive avec son amie Amy. Elle se tient les yeux fermés et se laisse guider par Noémi qui la suit. Elles semblent avoir du plaisir et profiter de ces beaux jours de leur enfance.

Châteauguay, 6 juin 1986

50ᵉ anniversaire de mariage

Nos enfants nous ont organisé une belle fête de noces d'or. Tout a commencé par la messe ce matin dans la vieille et si attachante petite église de Châteauguay, avec Albert, venu de si loin, mon ami Jean Caron et le curé Lanctôt. Ils ont concélébré. La cérémonie s'est terminée solennellement au son de la cornemuse par un ensemble de musiciens écossais.

Un banquet a été servi au restaurant Rustik. Michel, mon fils aîné, a parlé au nom des enfants, Thomas et Noémi au nom des petits-enfants, Jean-Louis Roux au nom de la famille. Jeanne et moi avons été très heureux et émus de la fête.

Même si, comme toujours dans ces fêtes grandioses, les discours sont toujours très flatteurs et polis, il arrive souvent que se cachent des peines ou des souvenirs qui n'apparaissent pas. Michel a évoqué les moments difficiles vécus dans la famille qui ont laissé des blessures. Il fait bon espérer que tout est oublié, entendre ces témoignages d'amour et comprendre que malgré tout on s'aime profondément.

C'est Louis, avec qui je m'obstine à tous les jours, qui a organisé ce « pow-wow ». J'aimerais tellement pouvoir lui dire que je l'apprécie. J'aimerais pouvoir leur dire que je les aime tous.

Outremont, 25 juin 1986
Une Saint-Jean-Baptiste inoubliable

Ce matin, nous avons assisté à la messe d'Albert à la maison provinciale des Clercs de Saint-Viateur. Il était important pour nous de fêter son cinquantième anniversaire de sacerdoce. C'est une très belle coïncidence que nous ayons fêté nos noces d'or en même temps que lui célébrait son cinquantième anniversaire de sacerdoce.

Kapuskasing, 9 juillet 1986
Visite chez Claude

Nous arrivons de l'aéroport de Mirabel. Albert est parti, tout joyeux, comme il l'est toujours. J'essaie de rester serein, malgré que je ressens une grosse boule de tristesse au fond de la gorge. Normalement, il devrait revenir dans un avenir assez rapproché. D'ici là, je continue à vivre en toute confiance.

« Mon berger, c'est le Seigneur
Je ne manque de rien.
Sur des prés d'herbes fraîches
Il me fait reposer;
Il me mène auprès des eaux tranquilles
et me fait revivre ! »

La semaine dernière, nous avons parcouru des « prés d'herbes fraîches » de la terre ontarienne. Nous avons longé la rivière Outaouais et les lacs du Parc de La Vérendry. Nous nous sommes rendus à Kapuskasing pour visiter notre neveu et filleul, Claude-Henri Boucher. Claude est médecin et, malgré qu'il soit en vacances, il se rend à l'hôpital à tous les jours. Il répond à de nombreux appels et visites d'urgences. La nuit dernière, il a accouché une patiente.

J'ai l'impression qu'il me dit : « C'est comme ça qu'on est heureux ». Travailler fort et sans répit semble être pour lui la chose la plus naturelle du monde. Il est bien fidèle à l'esprit de son père Émile et de son grand-père Louis Roux. Ils étaient aussi deux travailleurs infatigables.

« Grâce et bonheur m'accompagnent tous les jours de ma vie. »

Nous avons passé chez Claude et Carrol deux belles journées reposantes, « de grâce et de bonheur ».

Saint-Jules-de-Cascapédia, 12 août 1986

Il est 2 heures de l'après-midi. Je suis assis devant la maison à prendre un peu de soleil. La Cascapedia coule en bas de la côte. Nous en sommes séparés par un champ fleuri d'épilobes et autres belles variétés de fleurs sauvages. Blondin vient à tout moment se faire caresser et s'en retourne content quand on lui dit d'aller se coucher plus loin.

Pigeon Hill, 24 août 1986
La danse à Farnham

Nous nous retrouvons, après la messe de 11 heures, à Saint-Armand. Il pleut. Il fait bon dans la maison. Louis a fait un feu de bois revigorant dans la fournaise hermétique. Hier soir, pour bien rester dans l'atmosphère de notre anniversaire de mariage. nous sommes allés à une soirée de danse de l'âge d'or à Farnham. Nous avons été reçus fraternellement ! J'ai même gagné un prix de présence mais, comme c'était moi qui avais tiré le billet chanceux du chapeau, j'ai remis mon prix en tirage.

Saint-Jean-sur-le-Richelieu, 27 août 1986
La pêche à l'anguille

Je viens d'apprendre qu'il existe un endroit où se fait la pêche à l'anguille unique au monde : en plein centre de la ville de Saint-Jean ! La presque totalité de la pêche est vendue à des pays étrangers qui apprécient beaucoup ce met délicieux. C'est une des choses que nous avons apprises lors de notre voyage d'un jour dans la jolie ville de Saint-Jean. Nous découvrons de multiples attractions que la plupart de nous ne connaissions pas : le collège militaire, Saint-Paul-Ile-aux-Noix, Fort Lennox, etc.

Outremont, 5 septembre 1986
Une force de la nature

Françoise Gaudet-Smet s'éteint à 83 ans. Voilà une femme qui a réussi sa vie. Elle a étudié l'artisanat de plusieurs pays et travaillé avec les groupes de femmes. Elle écrivait dans les journaux. Il y avait deux mille personnes à ses funérailles. Sa vie est une réussite et je suis jaloux d'une telle performance. Comme j'aurais été heureux de montrer, d'enseigner quelque chose comme elle a su le faire !

Outremont, 22 novembre 1986
Pour de la vraie éducation

Hier, j'ai écouté une émission de télévision qui m'a profondément réjoui. Il s'agissait de l'émission *Le Point*. On y a fait un reportage sur l'école Louis Riel dirigée par Louis Robichaud, gendre de mon cousin Joseph Turcotte.

Il s'agit d'un cégep où les élèves sont bien disciplinés et où, ce qui est très rassurant, les jeunes acceptent de l'être. Cette école dispense un enseignement semblable à celui des anciens collèges classiques.

Enfin un reportage positif bien différent des nouvelles de guerre et de politique habituelles !

Il est très bon d'apprendre qu'il existe des écoles où il se fait de la vraie éducation.

Outremont, 25 novembre 1986
Nouvelles et manchettes

Ce matin, je m'amuse à « lister » les manchettes du journal *Le Devoir* d'aujourd'hui :

Pagaille à la Maison blanche

Les insurgés ont voulu assassiner Aquino

Les handicapés manifestent vigoureusement

Grèves dans les cégeps

Les professeurs de la CEQ débraient

Les grèves dans les Universités de France prennent de l'ampleur

L'U.P.A. proteste contre la privatisation de la raffinerie de Saint-Hilaire

Les travailleurs de la construction manifestent au ministère du Travail

Échec colossal aux postes : incompétence qui dépasse l'entendement

Le néo-nazisme surgit en Allemagne

Les nouvelles sont toujours déprimantes ! Ce qui a pour effet de me distraire de ce que je dois faire aujourd'hui !

Il me semble qu'un journal quotidien devrait être incitatif plutôt que de donner l'impression qu'il ne se passe que du mal.

Outremont, 29 novembre 1986
Armand de Tilly

Jeanne et moi avons été invités à un cocktail qui a été organisé en hommage à Armand De Tilly. Il fête son centenaire !

Cette fête fut très agréable. J'ai rencontré cet homme très sympathique à la Palestre nationale. Il s'y rendait régulièrement. Tous les jours, il répétait ses exercices physiques sans manquer un seul mouvement. Je le regarde aujourd'hui et j'ai l'impression qu'il vivra éternellement.

Il s'est développé entre De Tilly et moi une véritable amitié. Sa persévérance m'a aidé à faire mes propres exercices régulièrement. Je lui en suis très reconnaissant et j'ai été heureux de fêter ses cent ans avec lui.

Cette nouvelle en est une bonne ! Un homme de santé délicate qui persévère et qui réussit à vivre jusqu'à cent ans est une nouvelle positive. Un fait divers, diront les journalistes, mais c'est un message positif et porteur d'espoir.

Mercier, 3 décembre 1986
Funérailles d'Hermas Lacoste

J'ai commencé mon journal en 1917 en racontant la mort et les funérailles de mon grand-père Philippe.

En 1986, soixante-neuf ans plus tard, j'assiste aux funérailles d'Hermas qui était presque un petit-fils de mon grand-père. Il avait été adopté vers l'âge de 15 ans par mon oncle Ovila qui l'a toujours considéré comme son propre fils.

Hermas a laissé sa famille d'adoption dans les années 30, s'est acheté une terre qui est encore cultivée par la famille. Il s'est marié à une femme courageuse, Rose Perras. Ils ont eu cinq enfants qui sont encore tous vivants.

Ma cousine Simone, qui a elle aussi été élevée par l'oncle Ovila, ressentait beaucoup de chagrin. C'est comme son frère qui est parti. Elle était la fille de tante Bertha.

Je suis fier de l'œuvre de l'oncle Ovila et de tante Adelaure. Ils ont reconstitué cette belle petite famille qui continue toujours à travailler dans la tradition des McComber.

Une autre année vient donc de s'écouler. Je me demande si elle a été bonne ou mauvaise. Pour moi, j'ai l'impression qu'elle a été plus que moins heureuse. Évaluer l'année, c'est comme faire un bilan. On espère toujours qu'il soit positif.

Notre cinquantième anniversaire de mariage,la fête que nous ont organisée nos enfants et la présence de mon frère Albert nous ont causé bien des joies. L'inventaire de tout ce qui nous est arrivé en cinquante ans de vie, tout ce qui a été bon ou mauvais me remplit de bien-être.

Le Club Les Ultramontais, qui nous a fourni tant d'activités, nous aide à garder un bon moral !

Si j'additionne à tout cela les excursions à la campagne, c'est assez pour faire oublier les petits problèmes de santé et autres contrariétés du quotidien. Oui, le bilan est positif et je termine l'année avec un profit de bonheur.

1987

LA GASPÉSIE

Outremont, 8 février 1987
Gustav Mahler

En lisant *Le Devoir* d'hier, mon attention et attirée par un article de Carol Bergeron:

« Une biographie monumentale de Gustav Mahler, 3 800 pages réparties en trois volumes publiés chez Fayard, voilà ce que la passion pour le grand compositeur autrichien, mort en 1911, a su inspirer au musicologue français Henry-Louis de la Grange.

Ce dernier, un Français, a consacré plus de 25 ans à refaire, jour par jour, la trame de la vie du célèbre musicien. »

Étant moi-même à rédiger mon journal, je suis très sensible à tous les travaux qui ressemblent à ce que je fais. Biographies, autobiographies, récits de vie, les auteurs désirent tous se raconter.

J'y lis :

« Je suis parti du principe qu'un créateur, c'est une espèce de saint, une espèce de roi, un prince qui m'impressionne beaucoup plus que tous les princes réunis ! »

N'est-ce pas un peu fou de passer toute une vie à faire une biographie de 3 800 pages pour faire connaître un homme ? Ce l'est moins, si on prend en considération le fait que cet homme est un CRÉATEUR, ce qui en fait un être plus grand que lui-même. Je pense que cet être a une personnalité élevée au niveau du sacré. « Je suis tombé sur un homme que je trouve être un véritable saint ! » dit l'auteur de la Grange.

Je pense à moi, qui désire publier. Je trouve que c'est une idée pas mal saugrenue. Mon ouvrage est pas mal insignifiant si on le compare au volume qui décrit l'œuvre monumentale de Mahler. Je me sens comme celui qui allumerait une chandelle dans un immense amphithéâtre. Mais, c'est le motif qui me fait agir : « Mieux vaut allumer une chandelle que de maudire la noirceur. »

Outremont, 18 février 1987
Mon impuissance à tout bien

J'ai passé une journée désastreuse que j'aimerais oublier au plus vite. Je ne devrais même pas la noter dans ce journal. J'ai l'impression que tout ce que j'entreprends ne réussit pas. Au club, mon programme de gymnastique douce n'a même pas démarré. Le cours de culture physique avec Denis Luciani n'a que trois élèves, y compris moi.

Pour la danse du Mardi gras que nous préparons, il n'y a que cinq ou six billets de vendus ! Et, pour le dîner dansant au Reine Élizabeth au profit du père Lamarche, seulement quinze billets à cent dollars de vendus.

Jeanne est malade. Elle a un rhume terrible et moi, je suis fatigué !

Quand tout va mal, quand il me semble que je fais des efforts vains et inutiles, je me dis que c'est une semence, que rien ne se fait sans souffrance, et, quand il y a souffrance, c'est parce que les résultats sont là, tout près. Je ne me souviens pas qu'une seule souffrance n'ait pas été suivie d'un résultat favorable.

C'est le soir, je tombe de fatigue, je mets fin à l'écriture de ce journal.

Non, pas encore, il faut que je parle de la plus grande tristesse de cette journée. Louis s'est fait voler son stock de fourrures dans le camion de livraison. Il est découragé. Il a donc décidé de fermer l'entreprise et de vendre la petite maison de Pigeon Hill.

J'assiste, impuissant, à ce qui se passe. Je me demande ce que j'aurais pu faire et comment j'aurais pu aider. Je ne pouvais tout de même pas prévenir un vol !

Outremont, 23 mars 1987

Un missionnaire courageux

Un de mes anciens condisciples du collège de Valleyfield est décédé. Jean-Baptiste Parent, o.m.i., était missionnaire à la Baie James. Je pense que c'est la mission la plus dure qui soit! Le climat y est très froid. Le thermomètre descend jusqu'à -40° C. C'est un mystère que des peuples puissent s'adapter à de pareils climats. Il n'y a pas d'arbres et la neige demeure neuf mois par année. Ils connaissent trois mois de pluie et mangent de la viande séchée.

Je connais un père missionnaire qui a passé cinquante ans de sa vie encore plus au nord, dans le pays des Denes. Il racontait à la télé comme c'était beau et merveilleux. Il n'aurait pas changé de climat pour un autre plus chaud et plus agréable.

Il ne faut pas que je juge trop vite. Jean-Baptiste Parent a sans doute connu une existence plus heureuse que celle qu'il aurait connue à passer sa vie bien au chaud au Canada ou ailleurs. Il aimait ce qu'il faisait. Il aimait les Eskimos, il partageait leur vie de labeur et de lutte; il a connu, j'en suis certain, des joies intenses au milieu de gens qu'il aimait et des beautés de la nature. Il paraît que les couchers de soleil et les ciels étoilés sont d'une beauté indescriptible.

(Coïncidence inexplicable, mon fils Louis s'est expatrié plus tard dans le Grand Nord. Mon fils est antropologue. Les longues lettres qu'il nous a écrites nous disent toutes les découvertes qu'il a faites. Il décrit le peuple Inuit (Inook, comme il dit). La description qu'il fait du pays me fait croire qu'il est subjugué par sa beauté. La mer semble spendide. Je le lis et c'est comme si moi-même je voyais la plaine enneigée, les cieux étoilés, les auroles boréales, les pêches fantastiques, les animaux sauvages...)

Je suis convaincu que le vrai bonheur est dans la joie que nous ressentons en nous-mêmes de vivre une vie que nous aimons et que nous choisissons.

Saratosa, le 3 avril 1987
Voyage en Floride

Je dois admettre que souvent le climat aide au bonheur ! Il s'est présenté presque miraculeusement une occasion spéciale pour aller passer un mois en Floride, du côté du golfe du Mexique dans la région de Tampa. Pour diminuer le stress de la besogne, les trois sœurs, Jeanne, Annette et Alice, ont comploté un séjour en Floride dans un quartier nouvellement développé.

Nous sommes soudainement transportés dans un pays merveilleux comme dans un conte de fées. Nous avons loué un petit cottage genre « bungalow » qui est entouré d'une luxuriante végétation tropicale : palmiers, ajacundas, pins ronds... Les lieux sont tranquilles et on entend par-ci, par-là, un oiseau chanter. Il n'y a pas de bruits, puisqu'on est loin du grondement de tonnerre des autoroutes américaines. Nous sommes à l'intérieur d'un développement très moderne de Saratosa.

Quel rêve un homme peut-il imaginer de plus beau ! Jeanne, Annette et Alice préparent le dîner pendant que moi, je prends du soleil en écrivant mon journal !

Nous sommes allés à la messe à l'église Thomas Moore. Elle était remplie à craquer. Aucune place de libre, comme chez nous dans le bon vieux temps.

Le prêtre nous a fait un sermon sur la mort. Il dit que

c'est la seule réalité absolument certaine et inévitable mais qui cesse d'être effrayante par la présence de Jésus. Il nous délie de nos liens comme il a fait à Lazare. Il nous libère du péché et, par la résurrection, nous rend la vie glorieuse du ciel.

La nombreuse et pieuse participation des laïques aux cérémonies m'impressionne. L'entrée est solennelle et plusieurs hommes et femmes accompagnent le prêtre à l'autel. Ils font la lecture, servent la messe, s'occupent de la quête. Les Américains prennent la religion très au sérieux. Leur curé doit avoir le tour de les intéresser et de les faire participer.

Saratosa, le 7 avril 1987
Peter Maurin

En visitant l'église de l'Incarnation, j'ai ramassé un « Catholic Worker ». C'est le même journal que Peter Maurin lui-même m'avait remis quand j'étais allé visiter son petit local au 115 Mott Street dans le Bowery de New York.

Ils prônent une manière d'aider la cause des chômeurs et des sans-abris en les hébergeant. Ils leur enseignent à travailler et à vivre sur des terres. Ils leur montrent de façon concrète à s'aider eux-mêmes. Les disciples de Peter Maurin et de Dorothy Day s'opposent à la guerre.

J'avais alors écrit : « Un point faible dans leur programme, c'est leur refus de participer à la guerre. Ce sont des *Consciencious Objectors* ». J'avais alors la conviction que c'était le devoir de tout citoyen d'obéir à l'État. J'hésitais à approuver Peter Maurin et Dorothy Day de s'opposer ainsi à la guerre. Eh bien ! aujourd'hui, l'être que je suis devenu n'hésite pas à crier bien fort que j'approuve et admire celui qui a le courage de résister et de dire non à la guerre. J'estime ceux qui sont prêts à faire de la prison pour ne pas y aller. J'admire celui qui a le courage de ses convictions, même si son attitude lui attire la critique ou le blâme des gens qui sont bien en place et que l'on dit « politically correct ».

Saratosa, 8 avril 1987
Mary Selby Botanical Garden

Nous avons visité ce matin un des plus beaux jardins botaniques du monde. J'y ai admiré les plus belles orchidées que j'avais jamais vues. Jeanne qui aime tellement les fleurs avait les yeux grands en admirant les hibiscus et les schrumptrees. Elle réussit à les nommer toutes : cactus, azalées, banians, bambous géants, pins, lauriers, tulipiers, etc.

Je la trouvais bien bonne, mais moi je me contentais de les admirer. Pour moi, il s'agit d'un sentiment qui traduit une recherche de beauté que je ressens dans le fond de mon âme. Mais quand on réussit à nommer une fleur, c'est comme en prendre possession, on la connaît, on s'en rapproche. C'est la réponse à ce désir profond de la découverte de Dieu dans ses créatures qu'on veut instinctivement faire nôtres, comme si c'était nous qui les avions inventées.

St-Petersburg, 12 avril 1987
Sunken Gardens

Hier, nous nous sommes laissés emporter dans la cataracte étourdissante de l'autoroute vers St-Petersburg pour visiter le fameux jardin botanique Sunken Garden. Le Moyen Âge nous a laissé des monuments que nous ne nous lassons pas d'admirer, le dix-neuvième siècle a produit des œuvres dignes des plus grands artistes comme ce jardin botanique. Il résume dans un seul endroit tout ce que la nature a produit de splendide en fait d'arbres, d'animaux et de plantes. J'avais l'impression de visiter un coin du paradis terrestre.

Saratosa, 20 avril 1987
Thomas Edison

Nous sommes aujourd'hui allés visiter la maison d'hiver de Thomas Edison, son laboratoire, son jardin botanique et son musée.

J'ai appris à mieux connaître cet homme que j'admire pas tellement pour son invention de l'ampoule électrique, mais plus pour son génie de l'organisation et son sens des affaires.

Il était ami de Ford et de Firestone. Comme eux, Edison a monté une grosse entreprise qui existe toujours aujourd'hui et qui est devenue la General Electric.

Edison a beaucoup travaillé à faire quelque chose. C'est lui qui a dit : « *Genius is ten per cent inspiration and ninety per cent perspiration.* »

Le jardin botanique lui-même a été aménagé en important les plus beaux arbres et plants exotiques de tous les pays du monde. C'est une merveille que je ne me lasse pas d'admirer.

Beaucoup d'Américains prennent comme modèles les Ford, Firestone, Franklin, Carnegie. Ils siègent au panthéon des grands hommes. Ils sont invoqués et imités comme s'ils étaient des saints. Je les comprends très bien, car pour réaliser des œuvres aussi gigantesques il faut beaucoup de courage.

Outremont, 31 mai 1987
Nous sommes revenus depuis bientôt un mois. C'est

dimanche, il est 10 heures — le moment le plus savoureux de la semaine. Je suis assis dans le solarium entouré de toutes ces plantes qui se prélassent dans les rayons de soleil. Jeanne les entretient de sa main amoureuse.

Outremont, 7 juin 1987
Lettre à Albert

J'oublie qu'en temps normal nous passons ces journées chaudes à Pigeon Hill, à la campagne. J'écris à Albert pour lui faire part de la situation qui prévaut ces jours-ci :

« Cher Albert,

Avant la grand-messe de l'église Sainte-Madeleine, pendant que Jeanne près de moi est en train de déchiffrer un problème de bridge, je veux répondre à ta courte lettre envoyée aux soins du père Sylvain.

Merci de tes souhaits de bonne fête et de ton encouragement dans nos activités de l'Âge d'or. Je crois que nous avons trouvé le secret pour surmonter l'angoisse qui s'empare de nous à l'approche de la mort. Nous avons la satisfaction de vivre des moments agréables avec d'autres aînés et en même temps de leur procurer à eux aussi du vrai plaisir.

Je serai bref moi aussi, car, vois-tu, j'ai peu de temps à ma disposition. J'ai tellement de petites tâches à accomplir. Hélas ! mes capacités diminuent beaucoup et je fais continuellement des oublis et je manque d'efficacité. En fait de chiffres, c'est nul, j'ai peine à faire ma petite comptabilité. Une chance que Jeanne m'appuie dans tout. Je veux me rendre utile le plus possible avant de n'avoir plus de capacités pour le faire.

Normalement, à ce temps-ci de l'année, quand le temps chaud reprend, nous sommes à Pigeon Hill. Or, voici ce qui arrive : Louis a vendu sa terre et sa maison et il nous faut pour le moment renoncer à notre séjour dans le petit paradis de Pigeon Hill. Nous en avons beaucoup de peine.

C'était hier, le 6 juin, notre 51ᵉ anniversaire de mariage. Nous avons été reçus chez Michel et Françoise qui nous ont préparé un repas magnifique.

Jeudi dernier avait lieu la rencontre avec le père Lamarche pour fermer le dossier en rapport avec la fête que le club lui a faite au Queen Elisabeth. Nous lui avons remis le reste du montant que nous avons récolté, soit 2 400 $, ce qui fait en tout, en plus du 14 000 $ que nous lui avons déjà remis, la somme de 16 400 $.

Ton frère qui t'aime, Philippe

Saint-Jules, Gaspésie
22 juillet 1987

Après une nuit de rêve à Pohénégamook, nous étions en pleine forme pour prendre la route de Saint-Jules où nous sommes arrivés au milieu de l'après-midi.

Je suis estomaqué par tout le travail qui s'accomplit ici. On entend des coups de marteau et on voit des planches se mettre en place à un rythme accéléré. Léo est en train de compléter une nouvelle cabane à visonneaux qui contiendra plus de deux cents cages.

Thérèse et Léo viennent de faire l'acquisition de l'usine de la coopérative qui fabriquait la nourriture des visons. La nouvelle compagnie s'appellera Nourritures animales (Nour-An)

Ils pensent faire l'acquisition d'une machine à déshydrater qui doit réduire les résidus de morue en poudre. Ils constatent que la réfrigération coûte trop cher et qu'ils n'arriveront pas à faire des profits.

J'ai revêtu mes *jeans* de travail et j'ai aidé à « faire le train », ma tâche consistant à donner à boire aux visons. Je versais de l'eau dans le petit abreuvoir attaché à chaque cage à l'aide d'un long boyau d'arrosage qui a accès à toutes les cages. L'eau descend par gravité dans les cabanes à partir d'un ruisseau qui a été « damé », comme ils disent. Un barrage permet d'accumuler l'eau qui est acheminée vers les cabanes par un système de tuyauterie. La source étant située beaucoup plus haut, ils n'ont pas besoin d'utiliser de pompe.

Comme la visonnière ne rapporte pas encore assez pour rentabiliser l'entreprise, il ont fait chantier l'hiver passé et la vente de bois permet de financer toutes ces améliorations.

Une telle activité agrémentée de tour de « gaspésienne » (bâteau à deux mats dont l'ancêtre est la goélette) dans la Baie des Chaleurs et de bains de soleil sur la plage du Ruisseau Leblanc nous font réaliser que deux semaines de vacances passent bien vite.

Outremont, 2 octobre 1987

Excursion à Rawdon

Une de mes consolations réside dans les petits voyages que nous organisons avec l'Âge d'or pour visiter nos régions. Nous allons voir des villes qui nous sont familières mais que nous ne connaissons pas à fond.

Je trouve ces petits voyages organisés par le club très agréables.

Nous avons donc visité à Rawdon, un vieux village très bien reconstitué. Il est établi en pleine nature. Le site est côtoyeux et le décor fantastique.

À Rawdon, la communauté est cosmopolite. Protestants, Catholiques, Mahométans et Juifs y vivent en paix. Les Irlandais et les francophones fréquentent la paroisse bilingue.

J'y ai fait le vœu que le monde entier vive harmonieusement et que les nations s'accordent comme le fait la communauté de Rawdon.

Outremont, 15 octobre 1987

Effondrement de la bourse

Mon *Devoir* de ce matin parle de krach qui ressemblerait à celui de 1929. Pour moi, c'est la minute de vérité, c'est comme une reddition des comptes. On ne peut pas impunément se maintenir artificiellement dans la prospérité en vivant continuellement au-dessus de nos moyens à force d'emprunts !

La même règle s'applique pour le gouvernement comme pour l'entreprise privée. Il y a des cycles de vaches grasses et de vaches maigres. Après cinquante ans d'une économie croissante, il est normal qu'il y ait un ajustement et que l'activité économique diminue, que la cote de la Bourse cesse de monter. J'ai bien l'impression que cette fois, la reprise des affaires et la suppression du chômage ne se feront pas automatiquement par un projet de loi du gouvernement. Nous ne sortirons de cette dépression qu'après une longue période de travail et d'austérité.

Le commerce de la fourrure est frappé de plein front. En plus du ralentissement des affaires, la fourrure en particulier doit lutter contre cette campagne anti-fourrure menée par Brigitte Bardot et les autres fanatiques « pro-vie ». C'est une période difficile à traverser.

Outremont, 2 novembre 1987

Mort de René Lévesque

Aux nouvelles, on vient d'annoncer la mort subite de René Lévesque. Il a été terrassé par un infarctus. Même si je n'ai pas partagé sa politique de séparatisme, j'admire beaucoup cet homme et je crois qu'on reconnaîtra en lui un grand de notre histoire.

Il s'est donné de toute son âme à la cause qu'il

défendait. La part qu'il a joué dans le réveil du Québec a fait avancer la cause des Canadiens-français non seulement au Québec mais dans tout le Canada.

En route pour la Gaspésie, 22 décembre 1987
À bord du train

Confortablement installés dans une chambrette, nous sommes joyeux. Nous passerons un agréable séjour de Noël en Gaspésie. Nous allons tous souper à bord en compagnie de Thérèse, Geneviève, Frédéric et Stéphanie. Martin et Nathalie, les enfants de Léo sont aussi de la partie. Jeanne a eu la délicatesse de préparer quelques provisions que nous partagerons tout à l'heure.

Nous nous sommes tous rencontrés dans le char utilisé comme bar. Jeanne a disposé des nappes de Noël sur deux tables du wagon. Elle a sorti non pas des provisions, mais un festin de salades de toutes sortes. Sur les tables, nous avions disposé des chandelles aux regards étonnés des autres passagers qui circulaient entre les tables. C'était vraiment la fête. Nous entonnions des airs de Noël en craignant un peu que les contrôleurs du train ne nous invitent à nous déplacer.

La soirée a passé rapidement. Jeanne et moi nous sommes retirés dans notre chambrette "B" du char 1721.

En route pour Montréal, 27 décembre 1987
De nouveau, Jeanne et moi nous retrouvons dans le train la chambrette B du char 1721. Nous nous remémorons un Noël qui n'aurait pu être plus radieux.

Nous sommes arrivés par un beau temps clair. Le paysage d'hiver était tout blanc. Les conifères ploient sous leur manteau de neige. Blondin bondit et aboie joyeusement à notre arrivée.

Le spectacle du soir à lui seul vaut le voyage. Le ciel ne m'est jamais apparu aussi noir et les étoiles aussi étincelantes.

Je remercie le ciel pour tous ces beaux jours. Je me souviens encore de la randonnée de ski de fonds que j'ai faite le long de la rivière avec Stéphanie. J'étais encore assez en forme pour suivre Stéphanie sur les pistes ! Merci, mon Dieu ! Merci aussi pour les quinze centimètres de belle neige fraîche, merci pour le silence qui n'est brisé que par le craquement de la glace sur la Cascapédia.

Au risque de dire une infamie, je crois que j'ai mieux aimé la messe de minuit à New Richmond que celle plus solennelle de Saint-Viateur. Le chœur de chant de cinquante belles voix nous a psalmodié tous les plus populaires cantiques de Noël dans une église bondée de monde.

Le dîner de Noël à la dinde et au saumon frais des éleveurs de Saint-Omer était délicieux. Thérèse nous avait préparé mille gâteries : beignets aux pommes, des carrés au chocolat, des bouchées de hareng fumé. Sylvain a apporté du vin d'Alsace. Il y avait une bûche de crème glacée aux fruits ! Ce que j'ai trouvé de plus beau dans tout cela, c'est cette atmosphère chaleureuse de gens qui s'aiment.

Hélas! tout est fini. Noël est passé. Attendons à l'an prochain, peut-être...

1988

MON CHÂTEAUGUAY
D'AUTREFOIS

Le point saillant de l'année 1988 a été pour moi la publication de mon livre : *Mon Châteauguay d'autrefois*. La vieille église de Châteauguay où j'ai puisé un enseignement utile qui a été le guide de toute ma vie.

Outremont, 14 février 1988
Résolutions

Je n'ose pas écrire tout ce à quoi je rêve ce matin... C'est encore un beau dimanche ensoleillé, avant la messe. Si je colle tous les dimanches matins ensemble, j'ai l'impression qu'ils ne s'arrêtent jamaisè ils sont éternels. Je suis en 1988, assis au chaud dans le solarium, même si je vois la neige à l'extérieur et même si je réalise que les joueurs de tennis ont cessé temporairement de jouer. C'est dimanche matin et les plantes de Jeanne sont toujours aussi belles.

Je suis né en 1908... j'aurai donc 80 ans cette année !
Je rêve à tant de choses... j'ai encore beaucoup de projets en
tête... malgré mon âge avancé.

Je vois tout ce qui va mal dans le monde et je me sens
malheureux. Je rêve à faire ma petite part pour améliorer les
choses.

J'ai la conviction qu'en travaillant à bâtir un club de
l'Âge d'or fort et uni, je construis ma petite partie du
monde. Je crois que c'est un moyen positif de poser des
actions. C'est mieux que des flots de paroles pour critiquer
ou chialer... C'est une façon de me soustraire à l'angoisse
que je ressens devant mes problèmes personnels et les maux
qui menacent le monde.

Je me demande comment nous, les aînés qui formons un
assez grand bloc, pourrions nous organiser pour approcher
les ministres et les politiciens en général tant au fédéral
qu'au provincial ? Bien sûr, je ne pense pas à la violence,
mais j'aimerais seulement leur dire d'arrêter les beaux
discours ainsi que les projets inutiles et non productifs :
commissions, études, procès, débats, référendums,
enquêtes, etc. et d'AGIR plutôt sur les problèmes cruciaux
qui menacent notre vie, tels les déficits honteux (qui chaque
jour nous appauvrissent davantage), le chômage, la pollution.

J'aime bien écrire. Il me semble qu'écrire ce que je
pense me soulage. C'est une belle façon d'exprimer ma
pensée ! Je ne crois pas à l'idée de mettre par écrit seulement de la belle littérature pour faire montre de talent ou
d'érudition. De ce côté-là, je sais trop bien comme je suis
nul.

Le besoin de rédiger me ronge, comme pour me justifier
d'être ce que je suis. Je fais si peu pour remédier à tout ce
que je voudrais changer. À défaut de grand talent, je me

contente d'écrire l'emploi de mon temps.

À 80 ans, je veux occuper chaque minute de mon temps moins à écrire qu'à agir. Je commence donc par ce que j'ai à faire aujourd'hui.

Ma première tâche : écrire le mot du président pour le bulletin des Ultramontais. C'est ce que je vais mettre dans le message : « Si nous unissons nos efforts dans une action commune et sincère, nous pourrions faire changer des choses pour le mieux. » C'est ma petite partie constructive à moi. J'espère en convaincre d'autres. Nous deviendrions comme un immense nid de ces fourmis tropicales qui, par leur travail, réussissent à créer un équilibre en combattant les autres prédateurs. Elles sauvent ainsi les arbres qui, sans elles, seraient détruits.

Outremont, 5 mai 1988
Émotion esthétique avec Yves Montand

Quand nous chanterons le temps des cerises,
Et gais rossignols,
Et merles moqueurs
Seront tous en fête !

Ce soir, Jeanne et moi sommes restés tranquillement à la maison. Il y avait à la télévision une entrevue avec Yves Montand.

J'étais captivé. Je n'ai pas dormi comme je le fais souvent; j'ai arrêté ma lecture et toute mon attention s'est portée sur l'émission.

Yves Montand disait qu'il croit à la divinité et qu'il n'a pas peur de le dire. Il se dit un ancien communiste et il pourchasse l'URSS. Il ne croit pas à la sincérité de Gorbatchev. Il fustige les politiciens qui ne font rien. Quel homme !

Son discours venait vraiment me chercher dans toutes

mes croyances. Pourquoi n'y en a-t-il pas plus qui combattent pour la vie et pour la liberté contre tous ceux-là qui veulent dominer par la force du pouvoir et de l'argent ?

À la fin de l'interview, il a chanté a capella *Le temps des cerises*.. Je me suis revu dans le verger de pommiers, je me suis souvenu de la roseraie que Jeanne entretenait avec tant de soin, j'ai vu mes enfants courir dans le foin et j'ai en même temps ressenti toutes nos souffrances... les souffrances qu'on ne désire pas et qui viennent comme pour nous donner des leçons... J'ai ressenti une émotion si profonde que j'ai pleuré.

L'expression de l'artiste traduisait une grande tristesse et une douleur sincère. Peut-être était-ce la tristesse du souvenir, « c'est de ce temps-là que je garde au cœur une plaie ouverte »... « Cerises d'amour aux roses pareilles, tombant sous les feuilles en gouttes de sang »... «... où l'on s'en va deux cueillir en rêvant, des pendants d'oreilles »... « les merles moqueurs »... «les gais rossignols »... « La nostalgie du passé »... « des roses... de l'amour »...

J'aimerais tellement pouvoir m'exprimer de cette façon. La performance de ce soir est une vive incitation à m'exprimer.

« Et dame Fortune en m'étant offerte ne pourra jamais fermer ma douleur »... « J'aimerai toujours le temps des cerises »...

Châteauguay, 10 avril 1988
Arts et Mic

Hier, je suis allé à Châteauguay. C'est le printemps ! La route est de nouveau toute sèche et déneigée. Je me trouve chanceux de pouvoir conduire mon véhicule. Une de mes craintes est qu'un jour je ne puisse plus conduire. Ce sont les pensées qui me traversent l'esprit en traversant le pont

Mercier. La circulation roulait assez bien. J'étais très atten-
tif et je tenais la droite de la route. Quand je conduis maintenant, je remarque que beaucoup de voitures me dépassent.
Il faut dire qu'avec toutes les autoroutes, la circulation roule
à un rythme d'enfer. Les affiches viennent très vite et il ne
faut pas hésiter pour choisir une direction.

Je suis chanceux, quand même ! Au volant de mon
automobile, j'ai dépassé la réserve indienne de Kanahwake
et je suis entré à Châteauguay. Les arbres bourgeonnent et
les gens semblent heureux. C'est ainsi quand le printemps
commence : on est comme libéré du froid, on espère la
chaleur.

Je trouve sans aucun problème la rue où se trouve l'atelier de céramique de Micheline Laberge, l'ancienne école
modèle. C'est la rue de l'ancien bureau de poste, la rue de
ma petite école. Elle est demeurée aussi étroite qu'à
l'époque ou j'allais à l'école.

Micheline est la fille de ma cousine Antoinette
Desparois et de Léonide Laberge. Elle dirige son atelier
avec beaucoup de compétence.

Son travail est tellement minutieux que je trouve qu'elle
ne fait pas seulement de l'artisanat, mais qu'elle est une
artiste. J'admire les artistes qui font un travail silencieux
mais qui ajoutent de l'agrément à l'existence. J'ai donc
visité cet atelier avec beaucoup de plaisir.

En revenant, j'ai fait un petit détour par le boulevard
d'Youville et j'ai salué la maison paternelle. « Est-ce que
j'arrête saluer les cousines ?... Non, il est déjà quatre heures
et je dois aller chercher Jeanne à son club de bridge. »

Je me suis retrouvé sur le pont Mercier et la route du
retour. J'ai cueilli Jeanne en passant et je suis revenu sans
encombre à la maison.

Châteauguay, 7 mai 1988
Bal de fin de saison

Je réalise que dans trois jours il y aura un mois que je ne suis pas allé à Châteauguay. Je constate en même temps l'utilité d'un journal ! C'est comme une incrustation des événements passés qu'on n'oublie plus jamais.

Aujourd'hui, je suis sorti avec Jeanne et quelques danseurs du club. Nous nous sommes rendus à la salle Willibrod à Châteauguay où nous avons assisté à un spectacle de grande classe. Le professeur Galarneau et Johanne nous ont donné une démonstration de danses sociales avec quelques-uns de leurs élèves. Ils étaient en tenue de bal. Le spectacle était digne de ceux que l'on voit à la télévision lors des concours internationaux de *Ballroom dancing*. Les couleurs et les jeux de lumières m'ont fasciné. Les danseurs, avec une souplesse remarquable, passaient des sambas aux rumbas puis aux grandes valses. Moi qui connais ces danses et leur degré de difficulté, j'admire doublement la performance.

Les notables de Châteauguay étaient présents: le maire Bosco Bourcier et son épouse Andrea, Émile Larivière, Léopold Gosselin, René et Roger Laberge, leurs épouses, tous des amis de longue date.

Comme j'aimerais que nous ayons de telles fêtes à Outremont ! Mais, je constate que les danses sociales sont moins populaires qu'à Châteauguay. Je me souviens qu'avec Jeanne, j'ai beaucoup travaillé à organiser ce genre de cours de danses populaires à l'Alliance des loisirs de Châteauguay. Suis-je trop orgueilleux si je pense que peut-être nous avons participé à semer un peu de cet engouement pour la danse qui existe là-bas ?

Ottawa, 15 et 16 mai 1988
Voyage à Ottawa

Enfin, nous sommes partis et l'autobus est plein ! C'est
Jeanne qui a organisé ce voyage pour le club. Elle voit à tout :
la publicité, les réservations pour les places, les réservations
pour les visites; elle s'assure même que les gens qui y
participent ne soient pas seuls et trouve les compagnons ou
compagnes appropriés. Plus le moment du départ approche,
plus le stress augmente.

Pour ce voyage, elle a eu l'idée géniale de nous amener
visiter Ottawa au temps des tulipes. Il faut absolument
visiter Ottawa au temps des tulipes, sans quoi on a manqué
une des merveilles du monde ! On se croirait en Hollande;
il ne manque que les sabots et les costumes des Hollandais.

Les gens sont joyeux, rient beaucoup, discutent
amicalement et échangent tout au long du voyage. Il y en a
qui jouent aux cartes le soir. Nous revenons du voyage et
nous nous connaissons tous davantage.

C'est Jeanne qui pilote le groupe. Nous nous asseyons
sur le premier siège, près du conducteur. Elle lui dit exactement où aller. Elle prend le micro pour expliquer aux gens
les sites que nous voyons en passant. Il faut dire qu'elle a
tout préparé à l'avance. Elle lit beaucoup sur l'endroit à
visiter quand elle prépare un voyage. Aujourd'hui, elle
savait exactement où trouver les plus beaux arrangements
de tulipes et elle nous a menés droit au but. Je la trouve bien
bonne !

Trois-Rivières, 19 mai 1988
Excursion à Trois-Rivières

Sitôt arrivés, sitôt repartis, nous sommes en excursion à
Trois-Rivières. J'ai visité cette ville plus d'une fois, mais

jamais je ne l'ai trouvée aussi jolie et attrayante. La visite des Forges est impressionnante. C'est le symbole de la réussite des Québecois dans le domaine de l'industrie lourde.

Les voyages d'une journée dans les petites villes de nos régions sont très intéressants et instructifs.

C'est avec plaisir que j'ai revu le magasin de fourrures d'Albert Durand que mon père a initié au commerce de la fourrure dans les années quarante.

Outremont, le 29 mai 1988
Action ! Action !

J'ai souvent pensé qu'une fois arrivé à la retraite, je n'aurais plus rien à entreprendre et que je me reposerais bien tranquillement. Je réalise que ce n'est pas ainsi que les choses se passent. Ce matin, je suis stressé en songeant à tout ce que je voudrais accomplir et du peu que je réalise. Mais, je me dis que ce ne sont pas les grands coups d'éclats qui comptent, mais le peu qui est exécuté à chaque jour.

Ma petite-fille Geneviève m'a prêté un livre, *Small is beautiful*, de E.F. Shumacher. J'y lis ce qui suit :

« Il nous faut avant toute chose éviter la catastrophe à laquelle nous courons aujourd'hui. Et qui doit entreprendre une telle tâche ? »

À mon avis, c'est chacun d'entre nous, vieux ou jeune, avec ou sans pouvoir, riche ou pauvre, avec ou sans influence. Parler du futur est utile à la seule condition qu'une action concrète dans le présent en résulte.

Que faire? Ma recette: un nouveau style de vie pour durer en permanence :

1. En agriculture, il y a place pour un développement sans limite : culture biologique, spécialisation, variétés rares, conservation et marketing, marché local pour vente des produits, etc.

2. Développer l'industrie sur une plus petite échelle avec beaucoup d'associations, coopératives, co-propriété, bonnes relations patrons-ouvriers.

3. Vivre en paix avec nos semblables, avec l'Univers, avec les Hautes puissances.

Ce dimanche, 20 juin 1988
Octogénaire

Tout ce que je voudrais écrire se bouleverse dans ma tête.

J'ai vécu hier une journée d'immense bonheur, d'une joie profonde qui ne peut venir que d'en- Haut.

Le club avait organisé un dîner-danse pour la fête des Pères. À l'instigation de mon épouse sans doute, on a secrètement accepté de fêter mon quatre-vingtième anniversaire de naissance en même temps. Comme cet anniversaire arrive le 20 juin, ils ont voulu marquer l'événement de façon toute spéciale.

Sans me le dire, Jeanne a invité toute la famille, les enfants et petits-enfants, les beaux-frères et belles-sœurs, quelques amis. Ma plus grande surprise a été d'apercevoir Thérèse qui est venue exprès de la Gaspésie et tous les autres dont j'étais à un mille de soupçonner la présence ce jour-là.

Dans mon discours d'introduction, après avoir remercié le maire Jérome Choquette et la députée Lucie Pépin de leur présence, je les ai incités, bien naïvement je le confesse, à s'unir à nous pour continuer à affronter les grands problèmes actuels de tous les peuples d'Occident : la pollution, la diminution et la dilapidation de nos richesses naturelles, l'endettement excessif de nos gouvernements... J'ai même parlé du monstre POUVOIR-ARGENT devant qui tous s'agenouillent. La veille, je n'ai pas fait lire mon discours par mon épouse, qui certainement me l'aurait fait tenir dans de plus modestes proportions.

Le maire Jérome Choquette, dans son allocution, a énuméré tout ce que la ville réalisait pour protéger l'environnement et réduire les taxes des contribuables. Madame Lucie Pépin nous a expliqué fort pertinemment que le plus urgent, c'est de sauver la famille. Elle demande aux aînés de prêter leur concours pour aider les parents qui travaillent. Elle pense que la garde des enfants pourrait être assumé par eux, ce qui est certes bien beau et bien.

Mon émotion a atteint son comble lorsqu'on m'a fait entendre la voix d'Albert qui avait enregistré ses souhaits sur une audiocassette. Le père Philippe Boisvert l'avait apportée avec lui.

Michel a lu une émouvante adresse que je conserve précieusement. Il me dit que notre exemple est un signe de longévité pour toute la famille !

J'ai reçu de très beaux cadeaux. D'Alfons Kunicki, un livre précieux : *Stolen childhood*, de Lucjan Krolikovski, o.f.m., qui traite de l'épopée des jeunes réfugiés polonais immigrés au Canada en 1952. Des Ultramontais, une belle adresse lue par Irène Cécyre et un livre sérieux de Michel Serre : *Statues.*

Les petits enfants ont aussi lu une adresse collective et chacun y est allé d'un boniment. Ils ont mis l'argent des pourboires en commun pour me faire cadeau d'un livre de grande valeur qu'ils ont tous autographié : *La mission des Jésuites chez les Hurons,* par Lucien Campeau.

La surprise de cette fête m'a bien ému. J'ai l'impression de ne pas mériter tout cela. J'ai senti l'amour sincère des miens, celui de mon épouse Jeanne, la grande responsable de cette soirée magnifique.

De retour à la maison, nous avons continué à en parler et à nous rappeler la joie qui nous envahissait tous. Nous

nous sommes endormis plus tard qu'à l'habitude, heureux de compter autant d'amis.

Châteauguay 29 juin 1988

Aujourd'hui, j'ai fait une visite importante à mes amis de Châteauguay. Il s'agissait de discuter la formation d'un musée. Nous profitons de l'hospitalité de Normand Dorais qui nous réunit dans son restaurant. Les discussions vont bon train. Nous avons même envoyé une demande de charte sous La loi des compagnies avec six signatures : Normand Dorais, Gilles Laberge, Jacqueline Dorais, Lucille Reid, Gisèle Boisvert, Ls-P. McComber.

Chacun des signataires a fourni vingt dollars pour l'obtention de la charte, une partie de ce montant allant pour les timbres et autres petites dépenses.

Nous décidons que le montant ci-haut mentionné sera remis à chacune des personnes qui a contribué quand la Société du Musée aura des fonds. L'important est que la Société du musée soit en bonne voie de réalisation.

Saint-Jules, 17 juillet 1988
C'est aujourd'hui dimanche !

Je me suis levé en fredonnant un vieil air d'opérette : « *Oh! what a beautiful morning ! Oh ! what a beautiful day ! I got a beautiful feeling, Everything's going my way ! »* Je ne chante pas aussi bien que Nelson Eddy, mais c'est un matin tout ensoleillé ! Il fait beau ! Je suis de nouveau chez Thérèse. La brise est douce et fraîche. Quelques oiseaux rompent le silence. Thérèse me dit que c'est le loriot. Elle dit que si on écoute bien son chant, on peut prédire la température. Si le son est ascendant c'est qu'il fera beau et s'il est descendant, c'est qu'il va pleuvoir.

Je suis assis sur une des chaises de parterre entre la

maison et la rivière. Je me suis enduit de citronnelle pour faire la guerre à différentes espèces de moustiques qui m'agressent avec acharnement. Blondin, le chien, est assis près de moi et, de temps à autre, j'entends sa mâchoire claquer, signe qu'il vient d'avaler une mouche piquante.

Dès qu'il entend le croassement d'une corneille, il part à courir et à japper pour les éloigner. C'est ainsi que ses maîtres l'ont dressé. Il chasse les corneilles !

De temps en temps, un mouton bêle. C'est un petit et sa mère qui se cherchent. Dès qu'ils se perdent de vue, ils s'appellent...

C'est la paix, le moment que je voudrais prolonger, le temps que j'aimerais immobiliser !

Je lis un passage de Naïm Kattan et je médite ces pensées :

« Cette soif de vivre, cette curiosité goulue, hantise et avidité, trouvent leur apaisement dans l'expression ». « Cette voix aussi faible, aussi modeste fut-elle, qui peut rappeler ce que l'on sait, mais sur un ton à elle ». « Ma conscience de l'univers ne change rien à l'histoire des hommes et à la face du monde mais j'ai la prétention de croire que l'univers n'existerait pas sans ma conscience, ma voix, aussi étouffées qu'elles soient. »(Le repos et l'oubli, p.12)

J'ai photographié les lupins, les ancolies, quelques fleurs sauvages et le lit de grappes pourpres des épilobes qui fait un beau spectacle devant la maison. J'ai soigné les visons, tondu un peu de gazon et de nouveau je me suis assis dans une des chaises de parterre. J'ai repris ma lecture de Naïm Kattan.

« J'ai la prétention de croire que ce travail, si modeste soit-il, a de l'importance dans la création de l'univers. C'est la maille sans laquelle l'immense et inextricable tricot qu'est le monde s'effriterait et se disperserait en multiples débris. »

Larrimac, 7 août 1988

L'Éden

L'aurais-je trouvé l'Éden ? Le Paradis perdu ? Le Paradis terrestre ? La Terre promise ? Je suis dans un lieu où il n'y a pas de travail, pas de bruit, pas d'air pollué ni d'eau sale, pas de course effrénée pour devenir le plus grand, le plus beau... Je suis à Larrimac, dans l'Outaouais, au chalet d'Annette.

Ma santé s'améliore. Je me retrouve dans les arbres, la nature, la tranquillité. Il est 9 heures et le soleil luit. Je me demande pourquoi j'avais tellement peur en voyant venir la retraite. Je vis mon rêve ce matin. Mes activités professionnelles ne sont plus, je ne travaille plus au magasin et pourtant, je suis bien. Il n'y a que le croassement des corbeaux pour me rappeler que le calme est relatif et qu'il a une fin.

Est-ce que je rêve ? Est-il possible que tout soit dans l'imagination?

« L'aire du jardin rêvé se rétrécit, devient une dimension de notre esprit, jardin secret mais une promesse tout aussi puissante que l'Éden premier. Car l'univers n'est pas l'au-delà de la nature, mais la nature elle-même qui, dans sa substance réelle, est l'au-delà. L'univers n'est pas l'ailleurs, c'est le lieu aménagé, refait, afin que la contemplation puisse trouver son foyer, son point de concentration et éviter la dispersion. » (Naïm Kattan)

Larrimac, 13 août 1988

Le four à pain canadien

Mes perpétuelles vacances continuent. Je n'ai plus de fardeau sur les épaules et je commence ma journée en me demandant quel travail je ferai pour meubler mon loisir. J'ai découvert l'équilibre : exécuter un travail que j'aime, c'est un loisir.

Aujourd'hui, c'est la grande corvée chez Jean-Louis Boucher. Toute la famille participe à la construction d'un four à pain. Il y en a qui sont chargés de pétrir la terre glaise en briques, d'autres les passent à Jean-Louis qui s'est transformé en maçon. Il suit religieusement le plan qu'il s'est procuré dans une revue de bricolage.

Un peu en taquinant, j'y vais allègrement de mes conseils. Par exemple, je remarque qu'il a oublié de fabriquer la cheminée, mais il m'explique que dans ce genre de four, il n'y a pas de cheminée. Je constate donc que Jean-Louis travaille très bien, qu'il sait où il va et je me résigne donc à continuer mon observation sans mot dire. C'était très amusant de voir ce monde enduit de glaise. Je me remémorais les parties de sucre d'antan où toute la « compagnie » prenait un plaisir fou à se barbouiller de suie les uns et les autres.

À la fin de la journée, le four est presque fini et tout le monde est fatigué. Nous sommes tous réunis autour d'une table à pique-nique pour déguster le souper que Yolaine a préparé. Ils ont tous deux très hâte de fabriquer du bon pain cuit à l'ancienne dans le four. Ce chef-d'œuvre que mon neveu est en train de fabriquer va durer pour plusieurs générations. Ceux qui l'utiliseront se souviendront toujours de ce jour heureux !

Nominingue, 21 août 1988

Un autre paradis

Je me retrouve dans le petit village de Nominingue, chez Michel. Je réalise que l'été passe très vite et que je peux le passer entièrement à la campagne. C'est une récompense d'avoir des enfants qui peuvent nous accueillir. Il est impensable de passer tout l'été en ville quand on a toujours passé la belle saison à la campagne. J'apprécie donc doublement de pouvoir m'évader chez mes enfants ou dans la parenté.

Je suis allé entendre la messe de 19 heures à l'église de Nominingue où nous avons eu le plaisir d'entendre Louise Martin Péloquin, soliste, qui dirigeait la chorale. Elle vient de la grande famille d'Outremont.

Autour du Lac Sainte-Marie, il y a beaucoup de familles de citadins qui ont des résidences d'été. Michel, lui, peut aussi y venir l'hiver car il a bien calfeutré sa maison.

On est en août et je peux encore me baigner dans le lac et m'étendre au soleil sur le sable de la plage. Michel travaille sans arrêt. Il entretient le terrain, cultive son potager, répare et bricole. Le soir, il lit. Il a transporté beaucoup de livres à son chalet. Il a une importante bibliothèque au deuxième étage.

Au souper, nous avons dégusté des haricots frais cueillis du jardin. Il en est à la deuxième récolte de haricots. Les radis sont finis mais il y a plusieurs variétés de légumes et quelques plants de tomates qui produisent en quantité.

Outremont, 7 septembre 1988

Parce que je travaille maintenant beaucoup à la rédaction de mon journal, je lis beaucoup d'autobiographies, de mémoires et j'essaie de voir ce que d'autres ont publié.

Je m'intéresse aussi à la généalogie. C'est pourquoi j'ai pris part aujourd'hui au congrès de la Société généalogique canadienne française. J'y suis allé en compagnie d'André Laberge, un jeune historien qui m'a aidé à reconstituer l'histoire de Jarvis McComber, que je relate dans mon livre *Mon Châteauguay d'autrefois*. J'ai réservé un comptoir pour la vente de ce livre qui, je l'espère, sortira de l'imprimerie en octobre.

La publication de mon journal des années 1917 à 1930, *Mon Châteauguay d'autrefois*, me fait revivre de bien bons souvenirs. Reviendront-ils jamais, ces beaux jours de ma jeunesse à Châteauguay ?

Outremont, 16 octobre 1988

Bal de la FADOQ

Dimanche matin, le temps immobile, temps de méditation et de prière, j'en profite pour écrire un peu de journal.

Hier soir, c'était le bal de la FADOQ à l'hôtel Sheraton de Laval. Ce que j'ai trouvé très intéressant, c'est d'y avoir rencontré des aînés de tous les coins de la province. C'est une excellente occasion d'échanger sur les clubs respectifs et sur les différences de chaque région.

Il y avait là un orchestre de dix musiciens qui donnait à la soirée une atmosphère de grande fête. Quel plaisir de voir ces vieux couples danser comme des jeunes des valses, sambas, polkas ou sets canadiens. C'est comme ça qu'on s'aime, c'est comme ça qu'on est heureux.

Jeanne et moi avons eu le plaisir de faire connaissance avec plusieurs des têtes dirigeantes du club : les Leclerc, Cousineau, Decelles, Roussel, Daigneault, etc.

Nous sommes rentrés très tard, fatigués, mais très contents de notre soirée. Il fait déjà très froid et les grands érables de la rue Querbes commencent à être très déshabillés. Il y a beaucoup de feuilles sur le trottoir. La rue est tranquille. Seuls le bruit des feuilles que nos pas froissent et notre « placotage de vieux couple » troublent le silence. Nous sommes très heureux de retrouver la chaleur de notre foyer.

C'est pourquoi, ce matin, je me suis levé à 7 heures et demie au lieu de 7 heures. Je suis d'humeur à flâner un peu, tout en attendant la messe de 11 heures et demie à Sainte-Madeleine.

Châteauguay, 6 novembre 1988

Fête des patriotes

C'est le cent-cinquantième anniversaire des patriotes de 1838. À Châteauguay et à Beauharnois, on les fête. Deux d'entre eux étaient de Châteauguay : le notaire Cardinal et son clerc Duquette.

Bosco Bourcier, le maire de Châteauguay, et le curé Pierre Lanctôt ont fait des allocutions très touchantes. C'est à peine croyable qu'à cette époque des hommes aient pris les armes pour défendre nos droits. Plusieurs y ont perdu la vie et tous ont risqué leur vie. Le maire et M. le curé nous incitent à rester actifs et vigilants si nous ne voulons pas être assimilés comme peuple par les Anglais ou par les Américains. Il est vrai que nous sommes peu nombreux dans une mer anglophone.

Outremont, 8 décembre 1988

Mon Châteauguay d'autrefois

C'est aujourd'hui la fête de l'Immaculée Conception et c'est avec beaucoup d'émotion que j'ai assisté au lancement de mon livre *Mon Châteauguay d'autrefois.* Voilà qu'un autre de mes rêves se réalise. Je n'ai pas été aussi touché qu'à la naissance de mon premier fils, mais presque. Mon premier livre... c'est ma création ! Je l'ai fait tout seul, à ma manière, sans l'aide d'un professeur ou directeur. En ce sens, il traduit un aspect de mon caractère qui a tendance à ne prendre conseil de personne et tout faire à ma tête.

Le lancement avait lieu à la librairie Hermès. Le père Déziel en a fait une présentation très spirituelle. Il s'agit de ma première publication. J'ai attendu ce moment avec beaucoup d'impatience depuis celle des mémoires de mon père en 1980. J'ai souvent cru que je n'y arriverais pas, mais voilà qu'aujourd'hui j'y suis. Je réalise qu'il faut une immense dose de persévérance pour réussir une entreprise. Quand on poursuit un but, il y a toujours moyen d'y arriver si on n'abandonne pas en chemin.

La période de ma vie que je traite dans *Mon Châteauguay d'autrefois* donne une idée de celui que j'étais alors que j'atteignais ma vingtième année : un jeune homme timide avec un bagage de connaissances assez limité.

Le fait d'avoir fait mon cours classique me donnait à croire que j'avais une certaine supériorité sur mon entourage et sur mon père qui, lui, n'avait fréquenté que la petite école. Apprendre le métier me paraissait bien facile, comparativement aux études ardues qui m'attendraient au collège et à l'université. Je n'ai jamais eu à combattre pour suivre ma voie et pour être moi-même. Je n'ai pas le mérite d'avoir eu à lutter et à bûcher pour arriver. J'ai pris la voie facile de suivre la direction de mon père.

Après soixante-cinq années, l'homme que je suis devenu se félicite d'avoir fait ce choix. J'admire beaucoup mon père qui a su, avec beaucoup d'amour, me diriger dans une carrière qui ne demandait pas trop d'effort. Il m'a permis de gagner ma vie sans avoir à lutter contre personne, tout en rendant service, avec le résultat que j'ai eu une existence aussi heureuse qu'elle puisse être.

Suivant l'exemple de mon père qui, en homme pratique qu'il était, a jugé bon d'écrire ses mémoires pour bien nous montrer les problèmes de la vie et nous indiquer la route à suivre, inspiré aussi par l'ancêtre Philippe-Aubert de Gaspé qui, par son roman *Les Anciens Canadiens,* nous a fait part de la vie rude qu'il a menée, et mû sans doute aussi par cet instinct que nous avons tous de nous exprimer, j'ai écrit mon journal d'une manière assez originale, mais je veux quand même le publier.

Je mets beaucoup d'ardeur à la reconstitution de mon

passé et j'espère tellement que cet ouvrage servira non seulement à mieux me faire connaître et à mieux me connaître moi-même, mais qu'il contribuera aussi à la grande construction à laquelle nous participons tous : celle de bâtir un monde.

Voilà que c'est fait, j'ai réussi à publier la première partie : *Mon Châteauguay d'autrefois.* J'en suis très heureux et très fier.

Outremont, 18 décembre 1988
Encore dimanche

Je suis de nouveau dans mon éternité. C'est le dimanche matin qui revient sans cesse. Le moment présent que je recolle avec tous les moments présents qui lui sont semblables. Tous mes dimanches matins de paix et de recueillement se ressemblent parce que je pose les mêmes gestes, je redis la même prière, j'écoute les mêmes musiques et surtout, je me retrouve le même Philippe à travers le temps.

Comme le temps file à vive allure ! J'arrive à la fin d'une autre année ! Sans trop m'en rendre compte, je réalise que la durée entre ma vie et ma mort se rétrécit à chaque jour davantage. Mais, le temps est relatif. Si je meurs demain, c'est très court; si je vis jusqu'à 100 ans, c'est plus long... Mais d'une manière ou d'une autre, le temps va en diminuant si je pense à la vie terrestre, et en augmentant si je pense à l'éternité.

Hier, je suis allé à Châteauguay. J'ai rencontré les intéressés pour la mise en place d'un musée. Il y a maintenant plus de dix ans que j'y travaille. Les personnes présentes semblaient toutes convaincues et voulaient agir. C'est de très bon augure pour la réussite du musée.

Dans la soirée, je suis allé avec Jeanne au dîner des

Fêtes des Ultramontais. Nous étions cent-neuf convives et nous avions la présence du maire Jérome Choquette et de son épouse. Plusieurs conseillers étaient aussi présents. Ce fut fort joyeux.

Outremont, 20 décembre 1988
Je vends des livres

Jean est venu à notre secours pour me procurer du travail. Ça me plaît beaucoup de vendre des livres qui peuvent être utiles sur le chemin de la vie. J'ai donc accepté avec beaucoup de joie.

Je bien bien heureux de me croire encore capable de faire un travail utile. Ce travail, partagé avec Jean, m'a surtout permis de retrouver mon fils qui, je l'avoue, était devenu presque un étranger.

Outremont, fin décembre 1988
Une autre année qui s'écoule ! J'ai passé le cap de 80 ans et pourtant je ne me sens pas vieux du tout. Je suis tout étonné et agréablement surpris quand une jeune dame m'offre un siège dans l'autobus ou qu'on me tient le bras pour traverser la rue ! Je serais plutôt porté à dire : « Excusez-moi, ça serait à moi de vous aider ! »

À 80 ans, je remercie le ciel d'être encore en vie, d'avoir récupéré ma santé et surtout d'avoir quelque chose à faire. À un âge avancé, c'est tellement important d'avoir des activités et d'être encore capable de FAIRE quelque chose pour bien employer le TEMPS, non pas pour le tuer.

J'aimerais que les jours soient plus longs pour que j'aie plus de temps pour faire tout ce que je voudrais faire. Le club prend beaucoup de mon temps, Dieu soit loué ! Quelle joie de faire quelque chose pour soi tout en faisant plaisir aux autres !

Dans le moment, ce qu'il y a de plus important pour moi,

c'est de publier. *Mon Châteauguay d'autrefois* est lancé, mais mon rêve serait de publier une deuxième partie de mon journal : mes années en affaires de 1930 à 1980. Puis, si Dieu me prête vie, une troisième partie, celle qui est la plus importante, celle de l'Âge d'Or ! À la grâce de Dieu ! Et advienne que pourra !

Au cinquième anniversaire du Club Les Ultramontais, le 3 juillet 1989. De gauche à droite: Louis-Philippe McComber, Irène Cécyre, Pierre Jarry, Lucile Thifault, Marie-Bernard de Santis, Josette Beauvais, Antoine Pelletier, Rosaire Robillard, membre du conseil régional FADOQ Montréal Métropolitain.

1989

NOTRE MÈRE
LA TERRE

Avec Angelo Forte à l'auberge de la famille Trapp à Stowe lors d'un
voyage des Ultramontais au Vermont.

Outremont, 1er anvier 1989
Le jour de l'An à la maison

C'est le temps du recueillement du dimanche matin.
J'écoute Aimé Major qui chante des cantiques à la Vierge.
Je me laisse emporter par le charme de sa voix et l'émotion
que suscitent en moi ces chants doux et sincères.

Je ne puis me retenir de confier mes sentiments à mon
journal. J'ai l'impression que personne ne pourrait
comprendre ce que j'écris et pourtant je voudrais crier
comme je suis heureux.

*« Un jour à la fois, c'est tout ce que je peux donner.
Je t'ai rencontré. N'oublie pas mon nom. Entends mon
nom... La Paloma, adieu. Oh ! mon amour, adieu. Le bel*

oiseau blanc. Ma vie s'en va, n'aie pas trop de peine, Oh !
mon amour.»

Jeanne chante en préparant son bon dîner du dimanche.

C'est le premier de l'An et je crois avoir retrouvé la paix. J'ai moins de soucis. Mes sujets d'inquiétudes s'estompent tranquillement.

Thérèse a réussi à vendre ses visons avant l'effondrement des prix. Louis a mis fin à son commerce. Il mène une vie paisible en finissant de construire sa maison à Sutton. Pierre a fait l'acquisition d'un cottage au Mont Orford.

Le club Les Ultramontais est en pleine activité : danses, excursions, activités diverses et, de plus, tout converge à rendre possible la publication de mon journal.

Outremont, 8 janvier 1989
Mettre de l'ordre

Il est 10 heures et ce temps de paix ne s'harmonise pas avec la température extérieure. Il fait mauvais. Le vent et la pluie se changent en neige. Je ferme les yeux sur ce qui se passe au dehors et je décide de mettre de l'ordre à mes affaires. Ordre avec un grand O. Ordre, n'est-ce pas synonyme de Dieu ?

Je crois que si je travaille et je mets de l'ordre dans ma vie et autour de moi, je collabore à l'œuvre de Dieu et je réponds à l'Esprit qui m'habite.

Inspiration, Imagination... l'Imagination qui est la mémoire du futur. Réaliser ce que l'Esprit m'inspire me permet d'être moi-même et crée à l'intérieur un état de bien-être et d'équilibre. C'est la Joie.

« Oh ! Freude. Joie discrète, humble fidèle, qui murmure dans les champs, les prés et les moissons. Joie de l'Être et de la vie, lumineuse dans la nuit ...»

Et je continue à mettre mes notes puis ma comptabilité, et enfin mon programme de la semaine en ordre. Un jour à la fois, c'est tout ce que je peux donner.

Les érables de la rue Querbes plient encore sous la férocité du vent. La pluie s'est changée en verglas, puis en neige. On ne distingue plus les clôtures des courts de tennis, et les maisons sont à peine visibles. Les charrues commencent lentement à déblayer et essayent, elles aussi, de mettre de l'Ordre là où la tempête a tout bouleversé...

Châteauguay, 22 janvier 1989
Mon Châteauguay d'autrefois

Aujourd'hui, peu de temps après celui de Montréal, avait lieu à Châteauguay le lancement de mon bouquin *Mon Châteauguay d'autrefois*. C'est d'ailleurs grâce à la ville de Châteauguay si j'ai pu publier ce petit chef-d'œuvre (?)... J'ai offert les revenus de la vente de ce volume au profit de la Société du musée. Ce qui pourrait rapporter jusqu'à dix mille dollars si tous les volumes sont vendus au prix de quinze dollars, ce qui est loin d'être assuré.

Il m'a fait plaisir d'avoir la présence de Constance Beauvais une descendante de Jarvis McComber. Elle m'a donné des informations intéressantes sur lui.

Outremont, 29 janvier 1989
Le ciel sur la terre

Je cherche la paix et la joie de ce moment précieux du dimanche matin, « entre le déjeuner et la prêche ». Un soleil rayonnant inonde la chambre. On dirait le printemps. J'oublie tout ce qui m'inquiète, tout ce que je voudrais faire ou qu'il faudrait que je fasse et je goûte le moment présent Je voudrais écrire tout ce qui me passe par la tête. Pourtant, dans un journal, on écrit tout. Personne ne doit lire un journal. Serait-ce que je voudrais me cacher des choses à moi-même ? Il y a des moments où je me sens si heureux que je me demande si c'est le ciel !

Le ciel. Qu'est-ce que le ciel ? S'il y a un ciel, existe-t-il en dehors de ce monde ? Existe-t-il séparé de ceux qu'on aime ? Je ne puis concevoir un état de parfait bonheur rien que par la pensée, par l'esprit qui vit après la mort. Alors mieux vaut vivre le parfait bonheur avec tout ce que Dieu nous a donné et tout ce qu'il continue à nous fournir tous les jours : le gîte, la nourriture, la nature, les plus beaux paysages, les grands spectacles, la musique qui nous élève au-dessus de nous-mêmes. Qu'est-ce que le ciel pourrait nous apporter de plus ? Au jour de l'An, on se souhaite bonne et heureuse année et le paradis à la fin de vos jours ! Et si on l'avait le paradis dès ce monde-ci, dès maintenant ?

Outremont, 12 février 1989

Mon frère Albert

Ce matin, j'ai choisi de me recueillir en écrivant à Albert. Je trouve que c'est une bonne manière de mettre de l'ordre dans mes idées. Tout en écrivant , je fais d'une pierre deux coups : j'ajoute avec cette lettre une page à mon journal.

« Cher Albert,

Enfin, je réponds à ta lettre. Laisse-moi tout d'abord te parler de ton retour à Maseru pour reprendre ton travail de comptabilité. Quand j'ai lu : « À Noël, je fais un dernier voyage à Foyer de la Croix pour y chercher mes effets et revenir à mon ancienne obédience », j'avais le goût de pleurer.

Tu avais l'air si heureux dans ta petite maison de Mohales Hœk. Cela a dû te demander un sacrifice énorme

de la quitter. En tout cas, tu sembles bien prendre cela et
probablement que cela te sera rendu un jour !

Espérons que ce travail dans les chiffres à Mohales Hœk
est temporaire et que bientôt on t'offrira un lieu de retraite
aussi bien que le Foyer de la Croix. Il faut faire confiance à
la Providence !

Ton frère Philippe

Outremont, 30 mars 1989

Aux sucres à Saint-Jean Chrysostôme

Je ne suis pas le type pour rester bien longtemps à la
même place. Il semble que je suis ainsi fait que je veux
toujours aller quelque part. Partir !... J'aime bien revoir les
lieux de mon enfance. J'étais bien heureux que Jeanne ait
choisi un endroit dans la région de mon Châteauguay pour
notre partie de sucre.

Saint-Jean-Chrystôme est située dans la Vallée
historique de la Châteauguay. Nous passons d'abord par le
joli village de Kahnawake plus connu sous le nom de
Caughnawaga ou Réserve du Sault Saint-Louis, que le club
a visité vers 1986, je crois.

C'est ainsi qu'en jouissant d'une agréable partie de
sucre, nous revivons toute une période de notre histoire.
La joie de revivre le passé responsable d'un heureux présent
plein de promesses d'un futur encore plus beau.

Au prochain voyage !

Outremont, 4 juin 1989

Mariage œcuménique Caire-Fon

Je suis encore sous le charme de la belle journée d'hier.
Jeanne et moi sommes allés à des noces œcuméniques.

C'était le mariage de notre nièce Nathalie Caire, la fille de Ginette Caire et petite- fille de Simone, la sœur de Jeanne et Ted Fon, de nationalité juive. C'est une première à Montréal. Une catholique qui marie un non-catholique à l'église. Ted Fon est juif hongrois. Nathalie et Ted se sont jurés un amour éternel, une première fois hier à la synagogue, puis hier à l'église Sainte-Madeleine.

La réception a eu lieu à la salle municipale de l'hôtel-de-ville de Ville Mont-Royal et nous avons tous dansé au son de musiques tziganes, hongroises, mexicaines et canadiennes. Un telle noce vaut plus pour amener la paix dans le monde que bien des discours et conférences.

Châteauguay, 11 juin 1989
Eda Morand-Bourcier fête
son 92e anniversaire

Heureusement qu'il y a des jours joyeux comme celui de cet anniversaire de Mme Alexandre Bourcier, qui a été fêtée au Rustik. Je me suis toujours représenté Mme Bourcier comme la femme forte de l'évangile. Elle a eu quatorze enfants presque tous vivants, dont Jean-Bosco Bourcier, le maire de Châteauguay. À 92 ans, elle nous dit comme elle est heureuse de cette fête et de sa vie qui a pourtant été rude par bouts. Elle remercie tous ses amis, qui sont très nombreux, et ses voisins avec qui elle fraternisait à tous les jours. C'est tout Châteauguay qui fêtait l'anniversaire d'une maman aimée de tous.

Voici mes réflexions sur le message que Mme Bourcier, avec son beau sourire, semble donner à tous : *NOW'S THE TIME TO FALL IN LOVE* !

C'était la chanson à la mode dans le temps de la dépression des années trente. Eddy Cantor lançait le mot d'ordre :

Now's the time to fall in love, potatos are cheaper, tomatos are cheaper, now's the time to fall in love.

Aujourd'hui on pourrait reprendre le refrain. C'est le temps de tomber en amour ! Tomber en amour avec la nature, avec le soleil avant qu'il ne soit trop obscurci par les nuages de fumée polluants de nos usines, de tomber en amour avec les petits et tous ceux qu'on oublie d'inviter à la fête. On célèbre l'ouverture d'une nouvelle autoroute; on oublie d'inviter l'humble paysan qu'on a dépossédé de sa terre et qui s'est réfugié dans la fourmilière de la ville. C'est le temps de tomber en amour et de fonder des foyers dont les membres s'entraideront pour survivre. C'est le temps de s'unir pour démarrer des coopératives, des unités familiales, des commerces et services utiles, pour enseigner des métiers difficiles.

Tomber en amour avec les jeunes avant qu'ils ne se découragent. Les aider à se trouver une position où ils pourront un jour espérer être libres et non faire un travail mécanique et ahurissant toute leur vie, leur montrer à aimer les fleurs, les animaux, la vie au grand air!

À force d'amour, peut-être pourront-ils cesser d'être attirés dans la grande ville, entassés dans un immense cirque de cent mille personnes, ou emportés sur l'autoroute meurtrière à cent milles à l'heure dans le bruit et le fracas.

Now's the time to fall in love parce que le monde se meurt, s'assèche de ne penser qu'à l'argent en même temps qu'il travaille à sa propre destruction. C'est le temps d'arrêter de construire des super buildings de vingt, trente, quarante étages où on vit en cages et où on voudrait encabaner tous nos vieux, qu'ils le veuillent ou non.

C'est le temps de nous aimer et de nous aider mutuellement avec des moyens humains, en respectant nos sentiments, nos personnes. Nous ne sommes pas des robots ou des pièces mécaniques qui fonctionnent telles que programmées par l'ordinateur. Nous sommes plus que des robots, nous sommes plus qu'un oignon ou qu'un chat, nous sommes des êtres humains qui voulons être traités humainement, charitablement, entre êtres qui s'aiment. *Now's the time to fall in love !*

Saint-Jules de Cascapédia, 6 août 1989
Sun Day

This is *SUN DAY* , le jour du soleil, dimanche. Jour du Seigneur. Il fait beau soleil. C'est calme ici. Pas un bruit. De la fenêtre, je vois couler la Cascapédia à travers les arbres et les épilobes tout en fleurs. Blondin dort paresseusement. Nous irons tout à l'heure à Caplan où est ancré le bateau de Léo. Nous ferons la pêche à la morue et une baignade à l'eau salée dans la jolie de Baie de Caplan, puis nous prendrons du soleil sur la plage de sable brun près d'une rive rocheuse où se perchent en rang tout un voilier de goélands tout blancs.

Quand le soleil y est, tout y est !

Outremont, 7 octobre 1989
Encore une fois, je fais d'une pierre deux coups en écrivant à Albert tout en poursuivant la rédaction de mon journal :

« *Cher Albert,*

J'ai à t'annoncer une triste nouvelle : notre beau-frère Donat est décédé. Voici ce qui est arrivé. Dimanche, comme d'habitude, sa fille Cécile qui, comme tu sais, habite Kitchener, fait son appel hebdomadaire, mais n'obtient aucune réponse. Inquiète, elle appelle la voisine qui, heureusement, a une clé pour le logement. Elle lui demande d'aller voir ce qui se passe. Cette bonne dame trouve Donat étendu par terre dans la cuisine.. Il est tombé dans la nuit et n'a pu se relever. On l'a transporté à l'hôpital Notre-Dame tout près, où on a réussi à le ranimer. Naturellement, fier comme il est, il demande de le ramener chez lui, mais on le garde quand même à l'urgence jusqu'au lendemain.

Le soir suivant l'hôpital appelle Cécile pour lui annoncer qu'il a succombé. Sa mort est probablement due à une défaillance cardiaque. Il avait demandé à être incinéré. Son service a eu lieu à l'église de l'Immaculée-Conception. Ses cendres ont été déposées dans notre lot du cimetière de Châteauguay à côté de Suzanne, Claire et des autres membres de notre famille.

Donat a été un homme exemplaire et un très bon mari pour Claire. Son départ nous laisse de plus en plus seuls. Les membres de notre famille diminuent et ce sera bientôt notre tour. C'est effroyable ! Je n'ose y penser tant j'ai peur. Je voudrais que ma mort arrive comme celle de Donat, sans trop déranger de monde et sans souffrir trop longtemps.

Jean et Louise iront bientôt te voir au Lesotho. Je suis aussi heureux qu'eux de les voir partir pour faire le voyage que j'aurais bien voulu faire un jour. Prie pour eux, prie bien aussi pour Thérèse qui a des problèmes avec ses visons, et pour Louis qui, lui aussi, a ses petits tracas !

Ton frère qui t'aime,
Philippe.

Outremont, 10 décembre 1989
Un autre ami décède

Déjà le mois de décembre. Un autre de mes grands amis est décédé : Omer Reid. Nous nous sommes rendus à Iberville pour les funérailles.

Je perds un ami très précieux, un ami de vie. C'est à la petite école de Châteauguay que je me suis lié d'amitié avec lui. Cette amitié m'a beaucoup aidé dans les périodes critiques de ma jeunesse. C'était l'époque où il fallait faire un choix entre les plaisirs purement matériels de la terre, de la chair et les valeurs plus hautes de la vie.

Pendant la cérémonie, je me suis souvenu que c'est lui qui m'avait ouvert à la dévotion à sainte Thérèse qu'il aimait beaucoup. Il était de petite taille. Il n'a jamais fait d'études universitaires, mais il possédait un jugement sûr, beaucoup d'humilité et un grand esprit de travail. Il a accompli une œuvre de géant. Le destin a voulu qu'il rencontre une femme extraordinaire qui l'a aimé et soutenu. Ils ont eu neuf enfants, des petits-enfants et deux arrières petits-enfants.

Les souvenirs bondissent dans ma mémoire et je me dis : Omer est décédé. Parait-il qu'il a eu une belle mort. C'est ce que les gens disent. J'ai l'impression qu'il a été heureux toute sa vie. Je crois qu'il a trouvé le bonheur là où il se trouve : sur la terre, dans le travail, entouré de sa famille. Il a choisi la meilleure part.

Quand Omer a laissé Châteauguay, à ma grande peine, il m'a expliqué qu'il n'avait pas la santé pour poursuivre ses études et vivre la vie de la ville. Je l'enviais secrètement, car j'ai toujours été attiré par la campagne.

Il ne m'a pas été donné de passer ma vie à la campagne, mais je rêve de finir mes jours près de la nature, là où l'air est pur, l'eau limpide, la nature encore sauvage, la terre à l'abri des déchets et pas empoisonnée de produits chimiques.

J'en demande trop pour moi de mon vivant, mais il me semble que si un de mes enfants pouvait réaliser ce rêve à ma place, j'en profiterais comme si c'était moi. Je pourrais amicalement faire la nique à mon ami Omer. Il vient de nous quitter mais, quand même, il reste toujours près de nous, lui qui a vécu heureux sur sa terre. Il a retrouvé NOTRE MÈRE LA TERRE de laquelle vient toute vie.

Outremont, 10 décembre 1989
Massacre à l'École Polytechnique

Aujourd'hui, un jeune détraqué du nom de Marc Lépine a tué froidement seize jeunes filles à l'école polytechnique. C'est demain qu'aura lieu le service à l'église Notre-Dame. Dire que ma petite-fille Geneviève assistait à des cours dans l'édifice voisin. Elle aurait pu être du nombre !

Comment de tels êtres haineux peuvent-ils se développer dans notre milieu ? Formons-nous une société sans amour ? Tout est systématisé, il n'y a plus de liens familiaux. Je suis d'avis que quand quelqu'un vit seul et abandonné, dans un monde mécanique où seul réussit le plus fort, il devient vite révolté et méchant. Lépine vivait-il seul et abandonné ? Qui était-il ? Son geste me révolte.

Il ne faut pas plus de polices et de lois, mais plus de charité et plus d'égard les uns pour les autres.

J'espère qu'au moins, l'oblation de ces seize jeunes filles suscitera plus d'amour de la part de chacun et je souhaite que jamais plus n'apparaisse un autre jeune désespéré comme Marc Lépine.

Outremont, 24 décembre 1989
Noël

Aujourd'hui, ce n'est pas un dimanche comme les autres parce que demain, c'est Noël. Ce soir, à dix heures, nous irons à la messe de minuit à l'église Saint-Viateur. Et, comme à tous les ans, le réveillon se fera chez Michel et Françoise.

C'est à Noël que tout recommence. Les jours deviendront plus longs et plus chauds. C'est la rencontre de tous ceux qui s'aiment autour d'un enfant, un nouveau-né. Il apporte une vie nouvelle de paix et d'amour.

Je viens d'entendre Jean Vanier à la télé. Il a parlé de la famille, de l'amour, de saint Joseph, le père de Jésus. Joseph a aimé Jésus, plus que tout au monde. Jésus a aimé Joseph. Lui et Marie ont donné le Christ à la terre, l'Emmanuel, Dieu avec nous, Dieu parmi nous, Dieu en nous , en chacun de nous, même en ceux qui ne pensent pas comme nous.

À Noël, il faut rencontrer l'autre, partager le pain avec ceux qu'on aime et ceux qui nous aiment. À Noël, il faut aimer tout le monde, même ceux qui ne nous aiment pas.

Bon, l'électricité vient de manquer. C'est la panne ! Plus de chauffage, plus de réfrigérateur, plus de feu pour faire cuire la dinde;c'est la vie qui arrête. Une simple panne d'électricité me donne une idée de ce que serait la vie sans lumière, sans la Lumière qui est en nous, sans la Lumière que Noël apporte.

Fin décembre, 1989

Ce fut une année très active. Je me suis beaucoup occupé du club. Heureusement, que mon épouse me seconde énormément. J'ai surtout dépensé beaucoup d'énergie à finir et à publier mon livre *Mon Châteauguay d'autrefois*. Je regrette de n'avoir pas assez peaufiné mon livre. J'ai trouvé au moins trente-deux erreurs et fautes de frappe qui auraient dû être corrigées par moi avant de publier.

Qu'importe les imperfections ! J'ai voulu prouver qu'un aîné se doit, et est encore capable de faire quelque chose même si ce qu'il fait n'est pas une pièce de littérature à tout casser. En tout cas, la publication de mon livre m'a donné beaucoup de plaisir et j'ai la satisfaction de savoir que plusieurs personnes l'ont apprécié. N'y aurait-il qu'une personne à qui il aura plu que je me sentirais récompensé de mon travail.

Il me reste maintenant à publier la deuxième partie de mon journal : *Mes cinquante ans dans la fourrure.*

1990

LE RETOUR
À LA TERRE

Outremont, 1ᵉʳ janvier 1990

C'est le début de la nouvelle année et je suis confortablement assis dans le solarium. Les courts de tennis enneigés font ressortir le relief de la maison provinciale des Clercs de Saint-Viateur. Je me prends à rêver de la nouvelle année qui vient. Il y a tant de choses que je voudrais changer. J'aimerais que tout aille bien. J'imagine un monde en équilibre parfait où il n'y a ni pauvres ni chômeurs ni souffrances. Je cherche et je me demande comment je pourrais contribuer à améliorer la situation.

Outremont, 14 janvier 1990

La mort est une semence

Je constate que plus j'avance en âge, plus la mort m'affecte. Les parents et amis continuent à me laisser de plus en plus seul. Mais, paradoxalement, la mort, c'est la vie. La mort, c'est une souffrance, un sacrifice, une expiation qui crée la vie. « Si le grain ne meurt, il ne peut porter fruit. » Le corps que l'on met en terre est une semence d'où germera une vie meilleure.

Une mort inattendue nous amène à Châteauguay en plein hiver. Il s'agit des funérailles de Jean-Louis Chevrefils, le fils de Joseph Chevrefils, du Lac Saint-Louis. Voilà que je constate que c'est la génération qui me suit qui meurt avant moi. Jean-Louis est mort subitement. Comme un arbre en pleine croissance qui tombe fauché par la foudre. Héritier de la terre de son père, il a su préserver ce patrimoine pour le transmettre aux siens.

C'est toujours un plaisir de revoir la demeure ancestrale des Chevrefils sur le lac Saint-Louis. Je me rappelle tant de bons souvenirs : ces « tours du lac » que papa nous faisait faire après le souper, les beaux soirs d'été; il nous payait la traite, chacun ayant droit à un cornet de crème glacée de Morse qui ne coûtait que cinq sous ! Nous venions nous baigner devant la maison de Mme Chèvrefils. Je me souviens aussi des randonnées en yacht avec les enfants jusqu'à Dorval, Ste-Anne de Bellevue, lac des Deux Montagnes. Nous faisions souvent le tour des « Îles » dans notre chaloupe « Verchère», puis nous arrêtions nous baigner et pique-niquer à l'Île des sœurs Grises...

Outremont, 28 janvier 1990
Une journée volée

J'ai l'impression que cette journée précieuse du dimanche m'a été volée... Il est 17 heures et je constate que je n'ai rien fait. Puis, en y pensant bien, je suis allé à la messe, j'ai aussi écrit à Albert, j'ai lu Naïm Kattan :

« Je ne suis pas assez vaniteux et irréfléchi pour prétendre que je suis l'auteur d'un destin que j'assume. Je ne suis l'auteur que du récit qui transforme ce destin en mémoire. C'est ma façon de me battre contre l'oubli... Je ne cesse d'être le porteur d'une richesse antique... Mes ancêtres ont fait du Livre un legs de vie, appelant leurs descendants à en poursuivre la lecture et le commentaire. » (Le repos et l'oubli)

Outremont, 23 février 1990
Suspense ! Vilenies de la maladie

J'ai une grosse grippe, une bronchite qui dure depuis une semaine. Elle s'est jetée dans mes reins. Quand je suis couché, j'ai beaucoup de mal à me relever.

Cette nuit, Jeanne et moi étions malheureux. Je suis allé m'étendre dans le grand fauteuil du solarium afin d'arriver à trouver un peu de sommeil. Quelque temps plus tard, Jeanne me rejoint et prend place sur le divan. Elle souffrait du zona. Nous avions tous deux beaucoup de peine à nous remuer. C'est dans de pareils moments que nous réalisons que nous ne valons pas cher et qu'un jour ou l'autre, il faudra demander du secours.

Hélas! on ne peut atteindre un médecin. Dès le matin, nous avons téléphoné à cinq ou six endroits pour essayer d'avoir de l'aide. À quoi bon ? Il faut maintenant nous soigner nous-mêmes. Tout ceci me donne la nostalgie de ce bon vieux temps où nous avions un médecin de famille, le docteur Roux et son fils René, à qui nous pouvions avoir recours au moindre malaise.

Outremont, 16 mars 1990
Adieu, Danielle Laplante !

Nous allons ce matin aux funérailles de Danielle Laplante. Elle a été tuée, assassinée par deux jeunes déséquilibrés dans le magasin où elle travaillait rue Laurier.

Toute la population est révoltée par cette mort brutale. Danielle est la petite-fille de Gaétane et René Laplante, ce qui nous rend d'autant plus tristes.

C'est une mort difficile à accepter. C'est ici que la foi nous vient en aide. La mort atroce de Danielle créera de la vie. Elle resserrera les liens qui unissent ceux qui restent et qui, à force d'amour, finiront par l'emporter sur le mal.

Châteauguay, 30 mai 1990
Musée du grand Châteauguay

C'est un rêve qui se réalise. Tout a commencé lors d'une rencontre au restaurant Normand Dorais, l'an passé.

Aujourd'hui, nous avons élu un président en or, Janot St-Onge; une secrétaire compétente et dévouée, Yolande Cécyre; un conseil d'administration actif et dynamique.

Je rêve d'un musée qui ne serait pas seulement une exposition de reliques anciennes, mais plutôt une leçon d'histoire qui nous fait aimer nos ancêtres.

Outremont, 4 juin 1990
La vie n'est pas toujours rose

Voici un matin bien sombre. Il pleut. Le ciel est rempli de nuages. Stéphanie part au travail, elle vomit et la tête lui tourne.

Michel est très malade. Il est entré à l'hôpital. Il subit des tests. Il a peine à respirer. Il souffre énormément. À Pâques, Françoise nous avait raconté qu'il est allé marcher autour du Lac Sainte-Marie, au chalet, et il a pris froid. Il dit qu'il souffre d'un mal de gorge. Il tousse et semble avoir une pneumonie.

J'ai rendez-vous le dentiste pour me faire enlever quatre des six dernières dents qui me restent.

Les feux de forêts ravagent la province.

La vie n'est pas toujours rose.

La maladie de Michel revient sans cesse dans ma pensée. Jusqu'à présent, je ne prenais pas trop au sérieux les malaises de Michel. Je l'ai toujours considéré comme un gars solide qui n'a besoin d'aide de personne, surtout pas de moi. J'ai toujours cru qu'à ses yeux je suis un père incompétent. Je ne réussis pas à entretenir entre nous deux un climat de confiance et d'amour. J'hésite à lui parler et je n'ose pas lui donner des conseils.

Ce n'est qu'au moment où il est entré à l'hôpital et qu'on a décidé de l'opérer pour un cancer à l'intestin que j'ai compris que son état était grave et que peut-être il ne guérirait pas. C'est là aussi que j'ai compris combien je l'aimais et comme j'ai été malheureux de ne lui avoir jamais dit. J'ai bien récité quelques prières avec lui quelques soirs, mais je me demande s'il a compris que c'était ma manière a moi de lui dire comme je l'aimais et que je voulais qu'il revienne à la santé.

C'est triste de penser que c'est dans ces situations de ce genre que l'on découvre réellement comment on s'aime et comment on est aimé.

Outremont 29 juin 1990
Michel n'est plus

Depuis une semaine, nous faisons la navette entre la maison et l'hôpital. Les visites nous crèvent le cœur. Notre Michel, si fort et plein de santé, terrassé par un cancer virulent, attend la mort. J'essaie de l'encourager. Je lui dis que le jeûne qu'il fait le débarrasse des toxines et qu'il va guérir. Il semble trouver niaiseux de parler comme cela. Je me demande s'il a compris comme je l'aimais.

Malgré le fait que nous nous y attendions, ce fut un choc pour nous d'apprendre par un appel téléphonique de Françoise que Michel était décédé ce matin vers 4 heures. Elle était à ses côtés.

J'essaie de me consoler en pensant qu'il a, somme toute, eu une courte vie, mais active et heureuse. Il a consacré sa vie à sa femme et à ses enfants, Laurent et Catherine, qu'il aimait de tout son cœur. Il a été vingt ans conseiller administratif à l'hôpital Notre-Dame. À sa place, j'aurais beaucoup souffert d'avoir à trouver des solutions administratives pour un meilleur fonctionnement de l'hôpital.

Outremont, 1er juillet 1990
Funérailles de Michel

Le décor de l'église Saint-Viateur était dénudé et le cercueil était revêtu de noir. Un calme solennel y régnait ce matin.

C'est mon tour. J'y crois à peine, on enterre mon fils aîné aujourd'hui. Les mots me manquent pour décrire mon émotion. Michel avait demandé de la musique de Bach pour ses funérailles. M. Gauthier, l'organiste de la paroisse St-Jean-Baptiste touchait l'orgue accompagné d'un violoniste. « Une cérémonie très touchante et qui a passé très vite », a fait remarquer un des amis présents. Jean a lu un texte fort émouvant à Michel. Nous avons pleuré en silence lorsque le trompettiste a commencé l'interprétation d'un air de jazz à la sortie de l'église. J'ai reconnu le genre de musique que Michel écoutait le soir à la maison quand il était encore adolescent.

La famille et les amis se sont réunis par la suite dans le local du club sur la rue de l'Épée. Les gens étaient émus, attristés, et je ressentais beaucoup l'amour intense qui circulait entre nous comme pour nous consoler mutuellement de la perte de cet être qui nous était si cher.

Saint-Jules-de-Cascapedia, 23 juillet 1990
Le temps fait oublier les plus grandes peines et les séjours à la campagne aident beaucoup à les soulager. Depuis le 8 juillet, nous passons de beaux jours dans la nature et le micro climat de la Baie des Chaleurs. Le souvenir de Michel nous aide à profiter de nos vacances comme lui aurait aimé faire.

Par une belle journée ensoleillée, nous sommes allés magasiner à la braderie de Bonaventure, après un bon dîner à l'hôtel de la Plage en face de la mer.

Nous avons aussi visité le Musée acadien, qui est une véritable réussite. Bien situé sur une colline, il se pare d'une magnifique sculpture en forme de poisson qui attire l'attention.

Thérèse, ce matin, nous fait part d'un projet sur lequel plusieurs personnes travaillent en Gaspésie : les États généraux du monde rural. Il est question d'une mobilisation de la population pour le réveil et la survie de la Gaspésie.

Cela me remplit d'enthousiasme et répond à un besoin que j'ai depuis ma jeunesse : bâtir le pays en travaillant soi-même et en fournissant du travail aux autres en commençant par ceux qui sont le plus près de nous.

Outremont, 5 août 1990
Temps mémorable

C'est un beau dimanche matin gris et chaud et je veux griffonner quelques pages de mon journal.

Nous passons des jours dramatiques. La mort de Michel nous a bouleversés.

Les quinze jours passés en Gaspésie nous ont quelque peu calmés et reposés mais, même à Saint-Jules, ce n'est pas la quiétude complète. Tout ne marche pas encore sur des roulettes. Thérèse n'a plus de visons et ils essayent tant bien que mal de démarrer une petite entreprise de nourritures animales avec ce qui reste de la cuisine des visons.

Le soulèvement des Indiens et le blocage du pont Mercier à Kahnawake créent un climat de guerre et de violence. L'incompétence de nos gouvernants dans cette affaire me fait pleurer.

Les autochtones sont traités avec injustice. Les

Européens ont pris possession des terres dans les années 1500 et 1600. Ils ont signé avec eux plusieurs traités et leur ont concédé des réserves. Actuellement, les Mohawks défendent avec acharnement ces derniers morceaux de terre qu'ils veulent conserver. Je me demande comment l'histoire jugera ceux qui ont envoyé l'armée avec des tanks et des hélicoptères pour mater quelques douzaines de Mohawks. J'ai l'impression de revivre la fameuse crise d'octobre où, de la même manière, on a réprimé quelques compatriotes rebelles.

Comment faire comprendre la peine que je ressens d'assister, impassible, au génocide des nations indiennes à qui on doit une grande partie de notre culture.

Albert, qui est en visite au Canada pour un congé de quelques semaines, ne peut se rendre à Châteauguay qu'en passant par Valleyfield ou par le pont Champlain. Même ce dernier a été bloqué par un groupe de citoyens de Châteauguay en colère. Si, au moins, cela pouvait aider à régler le problème de l'autonomie des autochtones.

Nous passons des jours bien angoissants dont nous nous rappellerons longtemps.

Outremont, 20 août 1990
Décès du père Julien Déziel

J'ai trouvé les funérailles du père Déziel bien modestes. J'aurais apprécié un enterrement plus solennel pour cet homme qui fut directeur de la Société de généalogie pendant plusieurs années. Je me demande si c'est une coutume des Franciscains. On n'a fait aucun éloge du défunt, pas la moindre allusion à sa vie bien remplie. Je n'ai rencontré aucun père pour me parler de lui et de ses derniers moments.

Outremont, 23 août 1990
Le bazar

Malgré ce qui manque, malgré la pluie, malgré la fin des jours ensoleillés et la chute des feuilles qui arrive tôt cette année, au club la vie est active et joyeuse. Hier, c'était le bazar : on a pique-niqué, échangé des livres, acheté de jolies choses, des objets utiles, on a rencontré beaucoup de visages joyeux. Et, ce qui n'est pas à dédaigner, on a réalisé un petit magot qui va servir à créer des activités pour le club.

Outremont, 22 octobre 1990
S.O.S. Terre !

Comment expliquer pareille coïncidence : deux amis se retrouvent et acceptent d'œuvrer ensemble dans leur désir commun de bien employer leur temps d'âge d'or. Est-ce un hasard ? Une intervention des anges ? Toujours est-il qu'Angelo Forte et son épouse sont présents, tout comme moi-même et Jeanne, à un dîner de « Développement et Paix » organisé par Mme Monique Dufresne dans la grande salle des Arts et Loisirs. C'est un réel plaisir de renouer amitié et d'échanger nos vues sur les grands problèmes de l'heure et ceux de nos vies.

Bien que, dans le passé, nous nous trouvions chacun dans des camps opposés (lui était agent d'affaires du syndicat ouvrier de la fourrure et moi, représentant des patrons pour le renouvellement du contrat collectif), nous avons un idéal commun : celui de créer de plus en plus de liens entre les hommes.

Ex-travailleur social, il accepte spontanément de mettre ses connaissances et sa compétence au service du club Les Ultramontais et de la Fédération de l'âge d'or.

C'est ainsi que par la suite, nous sommes allés entendre une conférence de René Dumont qui, avec Gilles Boileau, vient de sortir un bouquin, *La contrainte ou la mort*.

Pris d'enthousiasme pour la cause de l'écologie, nous avons invité le géographe de l'Université de Montréal, Gilles Boileau, à venir entretenir les Ultramontais sur l'environnement et l'urgence de prendre des mesures pour venir au secours de notre Mère la Terre.

« Comment réagiriez-vous si je vous disais que la fin du monde approche ? Vous ririez aux éclats. Malheureusement, j'ai bien peur que ce ne soit la vérité. Il faut agir vite. Je ne vous demande pas d'argent, je vous demande seulement de faire quelque effort pour sauvegarder notre planète. »

C'est une petite fille de 12 ans, Anne-Marie Vincent, qui, naïvement, fait appel aux grandes personnes afin qu'elles fassent quelque chose pour sauver la planète qui est en péril. C'est le thème de la conférence de Gilles Boileau pour gagner les aînés à la cause de l'environnement qui est si vitale de nos jours.

Outremont, 16 décembre 1990
Joie de l'attente

L'année achève. Tout le monde est gai à l'approche de Noël. Il tombe une belle neige blanche. C'est un hiver magnifique. Je trouve que les Noëls passent à une vitesse vertigineuse. Je n'ai pas assez de temps pour jouir de ces jours heureux d'attente où je sens plein d'amour dans l'air.

Je ferai des cadeaux et peut-être que j'en recevrai. Pierre nous a justement demandé ce que nous voulions pour Noël.

J'écris mon journal machinalement, sans penser. J'écris pour moi tout seul. Je veux me dire combien je suis heureux.

Pourtant, il y a tellement de raisons de ne pas l'être :

récession, restrictions budgétaires, divisions politiques, problèmes de constitution et dettes fédérales. L'avenir du Canada est en péril, et la pauvreté augmente sans cesse.

Malgré tout cela, je jubile. J'imagine que cela doit paraître sur ma figure. Tout à l'heure, une dame me regarde, me sourit et me demande : « Est-ce que je vous connais ? » J'ai dit en hésitant : « c'est possible ». Puis, elle a continué son chemin. Pourtant, ma vie achève. Et voilà que, Noël approchant, je la sens comme si elle commençait. Je ne puis expliquer cela autrement qu'une faveur du ciel. Dieu en moi. Dieu, le Tout-puissant, met toute sa Force, sa Vie en moi. Qui craindrais-je ?

Je suis vieux, quoi ! J'ai 82 ans, ce n'est pas jeune ! Ma vieille carcasse ne résiste plus, les os se désagrègent et, pourtant, je me sens plein de vie et encore capable d'un petit effort pour amoindrir le choc des jours pénibles qui s'annoncent.

Outremont, 15 décembre 1990
Henri Bergeron nous invite à vivre

Voici quelques bribes que j'ai retenues de la conférence d'Henri Bergeron au club de l'Âge d'or de ville Mont-Royal.

Pour communiquer avec les autres, il faut être généreux; il faut harmoniser sa personne avec les autres.

Savoir écouter. Écouter l'enfant en nous. Être soi-même. Vous êtes une Trinité, Père, Fils, Enfant.

« *Unir les êtres humains, c'est le plus beau métier* » (St-Exupéry).

Nous avons tous à faire un effort pour unir.

Véhiculer des pensées pour influencer le milieu : la beauté de l'être réside dans sa vérité.

Sortir, jouir de tout le beau que possède la nature :

les arbres, les fleurs. Décrire, analyser, décortiquer, apprécier les mets délicats; déguster un bon vin; admirer le beau, la grandeur, la puissance dans un enfant qui est un univers en soi unique, le seul au monde; unir, amener la PAIX, la VÉRITÉ.

Outremont, 25 décembre 1990
Jour de Noël bien spécial

Nous sommes allés à la messe de minuit à l'église Saint-Viateur. Le réveillon a eu lieu chez Jean.

Toute la famille y était, même Michel se trouvait parmi nous en esprit. Je me souvenais que c'est chez lui que nous venions réveillonner et, malgré tout, son absence a mis une note bien triste dans la nuit de Noël.

Réflexions sur 1990

La mort a passé et a fait de nombreuses victimes. Nous avons durement été touchés. Nous avons perdu notre fils Michel, qui n'avait que 53 ans.

Il y a eu Danielle Laplante, morte assassinée, puis en fin d'année, la mort subite d'un membre actif de la Fédération de l'Âge d'Or, Paul Renaud.

Sur le plan international, le ciel est assombri de nombreux nuages. Saddam Hussein a envahi le Koweit et le président Bush, pour protéger les intérêts américains dans les puits d'huile du Koweit, menace de faire la guerre à l'Iraq si Hussein ne se retire pas.

Au Canada, la vie même du pays est en jeu. Il y a la crise de la constitution, l'échec du Lac Meech, l'endettement démesuré de l'État et le déficit qui nous mène tranquillement à la faillite !

Puis il y a le problème des Indiens qui ne se règle pas.

Nos autorités politiques laissent pourrir le conflit et se perpétuer une injustice déplorable.

Dans notre regroupement de l'Âge d'Or, nous essayons de vivre joyeux malgré toutes les morts qui se multiplient autour de nous. Nous voulons rester actifs, travailler sans bruit pour le règne de la Paix.

Il est assez normal que, passé un certain âge, les morts s'accumulent autour de nous. Je suis de ceux qui croient qu'il y a un esprit éternel en chacun de nous. La mort du corps, la partie charnelle, est inévitable; mais elle libère l'âme qui rejoint le TOUT, l'unité, la gloire céleste. » O mort, où est ta victoire ? » Je veux me réjouir de la mort. D'ailleurs, les réunions autour des disparus deviennent souvent l'occasion d'une joyeuse fête de famille.

C'est de la Terre que nous vient la Vie. Il est normal que nous retrouvions la Vie en retournant à la Terre.

1991

LES MOHAWKS

Longtemps avant l'arrivée des Blancs, deux sages, le Huron Dekanawida et l'Agnier Hiawatha, convainquirent les Nations iroquoises de se confédérer. D'où ce symbole de la confédération iroquoise: l'Arbre de la Paix survolé par l'Aigle (le Grand Esprit) et enraciné dans la Terre Sacrée, l'Île Tortue. Enterrées sous l'arbre les armes fratricides: les flèches, le tomahawk et le casse-tête. (tiré de la revue Médium #39)

Outremont, 8 janvier 1991
Rika Zarai

J'aime écrire dans mon journal les moments d'intense bonheur. Je veux me rappeler toujours de cette soirée que je passe avec Jeanne devant un beau feu de foyer qui, tout en nous jetant une chaleur bienfaisante, crée une atmosphère romantique et nostalgique. Dehors il fait un froid cruel, 20° C sous zéro !

Dans ce confort apprécié, quand il fait un temps aussi glacial, c'est bon d'écouter une émission de télé exceptionnelle de la chaîne française, *Tous pour un.* Patrick Sabatier nous présente Rika Zarai, une grande artiste juive de réputation internationale. Il lui demande de chanter l'Alléluiah, de Haendel, dans le décor splendide de la ville de

Jérusalem, au mur des Lamentations. Elle a chanté l'Alléluiah de sa belle voix en y mettant toute son âme.

Interviewée par Sabatier, elle nous rappelle que Jérusalem possède huit cents synagogues, plus de cent églises et une vingtaine de mosquées. En tout, un millier d'églises qui prient Dieu. Malgré toutes les forces négatives et les excès de violence dans le monde, elle croit que l'amour progresse et que la paix va arriver sur terre.

On pouvait lire sa sincérité et sa foi dans sa figure. Elle en pleurait d'émotion.

Sabatier nous a ensuite présenté deux centenaires qu'il a interviewés. Ils doivent leur longue vie à la modération. Pas d'excès. Ils ne fument pas, prennent du vin à l'occasion pour fêter un événement et l'un dit qu'il a toujours évité les discussions de famille !

La France remplit une grande mission lorsqu'elle répand dans le monde sa haute culture de paix, d'amour et de fraternité.

Mais, quand même, après une telle émission, il me semble qu'il est impossible que 1991 ne soit pas une année de paix, pleine d'accords pacifiques tout au cours de l'année ! N'est-ce pas le souhait que font tous les hommes de bonne volonté au début de l'année?

Outremont, 17 janvier 1991

La guerre !

Les États-Unis ont semé sur Bagdad des milliers de bombes pour faire le bombardement le plus meurtier de tous les temps !

Je suis dans une peine profonde. Au lieu de la paix que j'entrevoyais pour 1991, c'est la guerre.

Le président Bush a fait hier son discours à la nation pour justifier son geste et aussi pour bien expliquer que cette guerre est nécessaire. Il déclare que Hussein est un second Hitler et qu'il faut l'abattre à tout prix.

Et moi, je suis extrêmement triste parce que je ne suis pas en accord avec cette guerre. On estime qu'il en coûtera aux États-Unis de 26 à 86 milliards de dollars ! C'est la version optimiste ! La version pessimiste affirme qu'il en coûtera le double ! Moi, je trouve tout cela « bête » dans toute la force du mot.

Je ne crois pas que notre pays soit vraiment menacé par Hussein. Je ne crois pas non plus que cette barbarie soit la meilleure solution pour le contenir. Hélas, beaucoup d'esprits sont tournés vers la guerre et croient que ce massacre est nécessaire.

« Nous ne répéterons pas l'erreur du Vietnam », dit le président Bush. Je trouve qu'il est bien naïf de penser qu'il va régler tout cela vite et bien. Et qu'en plus, cela ne coûtera pas cher !

Et, il y a M. Mulroney qui « se pette les bretelles » avec des beaux discours pour justifier son envoi de destroyers et contingents militaires pour « sauver l'humanité » !

Je suis complètement en désaccord avec mon gouvernement, même s'il déclare officiellement la guerre; même si Jean Chrétien, pour ne pas déplaire aux « hautes gommes » de son parti, a dit qu'il se soumettrait dans une pareille éventualité.

Je réalise que je suis révolutionnaire. Je suis tellement en colère que j'espère qu'il y aura une révolution contre cette dictature despote du pouvoir qui nous envoie en guerre au seul profit de la grosse industrie. Le pétrole vaut donc bien cher pour y sacrifier tant de vies !

Je souffre d'assister impuissant à ce massacre qui commence. À quand le grand rassemblement de tous les bien-pensants, jeunes ou vieux, hommes ou femmes, arabes, juifs, musulmans, asiatiques, indiens, pour crier leur désapprobation à messieurs Bush et Mulroney et à tous les chefs qui occupent des postes décisionnels qui, sans risque pour leur propre vie évidemment, envoient des troupes semer la mort sur des innocents ?

Non, non, je ne veux pas la guerre, il faut arrêter ce carnage. Viendra-t-on chercher mes huit petits-fils pour les envoyer dans les mers asiatiques sauver le pétrole ? Faisons donc fonctionner nos voitures avec d'autres sortes d'énergie : l'énergie solaire par exemple... Les pneus : on pourrait rouler sur d'autres produits, plus résistants ! Et les vêtements : revenons donc à la fourrure, au lin et à la laine de mouton !

Pour que se réalise ce rêve de paix que j'ai en tête, j'ai décidé de poser un geste concret : je vais de ce pas à l'église Sainte-Madeleine prier avec une poignée de gens qui croient qu'il est encore possible que règne la paix sur la terre.

Outremont, 30 janvier 1991
David Bensabath

Pendant que les Juifs et les Palestiniens se chamaillent aux frontières d'Israël, nous accomplissons un geste de paix en invitant un rabbin à venir nous parler des « Hassadims ». Pendant la conférence, j'ai pris quelques notes au hasard.

Au Moyen-Orient, les fêtes sont liées au rythme de l'Univers, suivant la nature, l'histoire et la religion. En février, c'est la germination. C'est alors qu'il y a dégustation de fruits de la nature : blé, orge, figues, dattes, miel.

À Pâques, on fête la liberté.

La Pentecôte, c'est le début des récoltes, on reçoit la loi.

La Yom Kippour, c'est la moisson. Il faut remercier le ciel de tout ce que nous avons en le remettant à Dieu.

Purim, fête du désordre : on peut boire, s'amuser, se

déguiser.

Cabane, murs solides, toit léger en branches de sapin, ouvert vers le ciel. On mange dans la cabane.

Le Juif aime l'Étude avec un grand É. Il a la passion de l'étude. Pas de contradiction entre ce que vit le Juif et la vie contemporaine.

Outremont, 2 avril 1991

Ma rencontre avec les Mohawks

L'année 1991 restera mémorable pour moi parce que j'ai été « converti » à la cause autochtone. En effet, j'ai été invité à faire partie d'un groupe qui milite activement pour la paix. Jacques Langlais, de l'Institut Interculturel de Montréal, avait pris la peine de venir me voir pour m'acheter mon livre *Mon Châteauguay d'autrefois* dans lequel il est question de paix avec les Indiens de Kahnawake. Il m'a invité à faire partie de l'*Action Task Force*. C'est un groupe d'Indiens et de Blancs qui désirent travailler activement pour la réconciliation entre Mohawks et Blancs. Ce fut pour moi une révélation. J'y ai rencontré, outre Robert Vachon et Jacques Langlais, Allan Gabriel, de Kanesatake, fils du chef Samson Gabriel, John Curotte, Eileen Patten, Rita Philips, de Kahnawake, Linda Simon, Gilles Vézina, d'Oka, et Pierre Lagrenade, de Châteauguay, et quelques autres

Rita Phillips a parlé longuement de la situation qui prévaut dans la réserve. Rita est la fille d'un chef. Elle est cultivée, elle enseigne à la Survival School. On sent qu'elle aime son peuple qu'elle aide beaucoup. Elle a adopté des enfants et elle fait du travail social, elle a soin des vieux. Elle nous a parlé longuement des privations et souffrances qu'ils ont subies durant la crise.

La rencontre a eu lieu autour de la table; chacun a parlé

à tour de rôle, tout en prenant un repas frugal. J'ai été heureux de rencontrer et de connaître des Mohawks fort sympathiques. Ils s'appellent les « Haudenosaunee », ils sont devenus mes amis. J'avais l'impression de renouer avec de vieilles connaissances. Après tout, mon aïeul Jarvis MᶜComber vivait à la réserve indienne de Kahnawake et il s'entendait très bien avec les Mohawks ! Je suis stupéfait de constater à quel point je connais peu les autochtones en général et spécialement les Mohawks, que je découvre moi-même comme un peuple extraordinairement sympathique !

À la suite de ces rencontres, l'idée que je me faisais des autochtones a bien changé.

Outremont, 22 mars 1991
Partie de sucre à Rougemont

Nous arrivons de notre partie de sucre à la cabane « Chez nous » à Rougemont.

J'ai trouvé l'atmosphère très sympathique. La cabane est tenue par un prêtre aidé de sa famille et est située sur la terre paternelle. Ce qui est intéressant, c'est que cette cabane à sucre est à la fois une œuvre de réhabilitation. Cela ressemble à l'arche de Jean Vanier, mais en beaucoup plus petit. Un succulent repas nous a été servi frais et chaud. C'est le curé qui se tient à la cuisine. Il anime aussi des chants et des danses, ce qui crée une atmosphère familiale très chaleureuse. Je suis enthousiasmé. M. le curé Jacques Noiseux fait vraiment une œuvre utile. Il procure de l'emploi à des personnes handicapées et, en même temps, un réel plaisir à des citadins. Il leur permet de jouir de la campagne, met la terre en valeur et leur permet aussi de gagner honorablement leur vie.

Outremont, 5 mai 1991
Visite à la Long House de Kahnawake

Hier, Jeanne et moi assistions à une soirée à la Maison Longue de Kahnawake. La fête était organisée par les Traditionalistes pour remercier ceux qui leur ont apporté de la nourriture et des médicaments durant les barricades. Malgré le fait que plusieurs nous déconseillaient de pénétrer dans la réserve prise en otage par les Warriors, nous nous y sommes rendus quand même et nous en sommes revenus enchantés.

Nous avons trouvé la place sans trop de difficulté après avoir demandé à une jeune Indienne de nous indiquer le sentier qui conduit à la Long House. Nous y arrivons par un chemin de terre raboteux à environ un demi-mille de la 132 en plein bois.

La Long House équivaut au parlement et à l'église en même temps. C'est de là que les chefs dirigent la nation. La Long House des Traditionalistes consiste en une maison rectangulaire en bois, très modeste, avec des bécosses à l'extérieur. À l'intérieur, la salle est éclairée par des lampes à l'huile et chauffée par une fournaise tortue au milieu de la pièce. Les assistants s'assoient sur des bancs de bois, sans dossier, le long du mur. Il y a dans l'assistance des hommes, des femmes, des jeunes de tout âge, des enfants, même des bébés dans les bras de leur maman.

Une voix renforcée par une espèce de cri de guerre commande le silence. Un Mohawk se lève et commence à haranguer l'assistance en Iroquois. Cela ressemble à une prière. A intervalles réguliers, il répète une phrase et l'assistance attentive répond « aye », un mot qui me fait penser au « amen » que l'on dit à l'église.

Puis enfin, au bout d'une bonne demi-heure, l'orateur s'adresse à nous en anglais et nous explique un peu la coutume et le rite de leurs fêtes qu'ils font périodiquement au rythme des différentes saisons. Je ne me souviens pas de tout ce qu'il a dit. Il a rendu hommage au Créateur à qui on doit tout; merci pour la terre, le soleil, la lune, les étoiles, les vents, les nuits, les jours, les saisons qui se suivent dans un rythme universel. Il faut vivre en harmonie avec ce plan du Grand Esprit, en harmonie avec la nature, avec les animaux, avec les plantes, les arbres, en harmonie les uns avec les autres, soumis à la mère à qui on doit la vie, qui nous a appris à parler, à marcher, etc. etc.

Après lui, d'autres ont parlé. Celui qui veut s'exprimer se lève, demande la parole et tous écoutent sans l'interrompre. Après que huit ou dix se sont ainsi exprimés et que tous paraissent d'accord avec ce qu'il dit dans la plus parfaite harmonie, alors commence la danse.

Quatre Indiens assis sur des boîtes au milieu de la salle font les frais de la musique en scandant le rythme avec leurs pieds, leur voix et leur tam-tam. Chaque danse est symbolique. Il y a la marche dans le bois, à la queue leu leu; la danse des dames, glissement des pieds de côté sans jamais les lever du sol pour exprimer l'attachement à la terre (elles font partie de la terre d'où vient la vie); danse de groupe en rond, comme nous le faisons quand nous dansons le sirtaki.

Il y a ensuite les présentations. Les invités et les nouveaux venus forment un cercle. Un autre cercle plus grand se forme autour du premier chacun se faisant face et tour à tour on se présente en se nommant. Je suis surpris de grand nombre de McComber dans l'assemblée.

Vers la fin de la soirée, on nous passe des sandwichs, des biscuits, des gâteaux dans de grands paniers d'osier. Tout le monde se régale et s'amuse.

On se dit adieu, on se retire le cœur en paix et moi je rêve d'être encore invité à un autre pareil party.

Outremont, 21 juin 1991

Gérard Desautels, ex-président et fondateur du Club Les Ultramontais, est décédé. Il travaillait à la publication non pas de ses mémoires, mais à des anecdotes et épisodes de sa vie. Cela aurait bien intéressé le Club, qui lui doit beaucoup. J'aurais bien aimé connaître davantage cet homme avec qui il m'a été agréable de travailler la première année de mon appartenance au club.

Je veux m'efforcer de continuer à le diriger avec le même esprit de charité et de dévouement, que lui et son équipe ont mis pour recruter des membres et mettre le club en marche.

Saint-Jules-de-Cascapédia, 10 juillet 1991

Je suis en vacances en Gaspésie pour tout le mois de juillet. Je suis tellement affairé que je ne parviens pas à écrire mon journal.

J'ai cru ne jamais pouvoir me relever de laisser mon entreprise. Je craignais beaucoup de me trouver à rien faire. Heureusement, j'ai joint le club les Ultramontais et j'ai aussi trouvé la grande aventure de ma fille en Gaspésie. Je ne sais pas si elle s'en rend compte, mais elle réalise ce qu'au plus profond de moi j'aurais voulu réaliser : aider le plus de monde possible à partir en affaire ou mieux, à entreprendre. Elle travaille dans un Centre où on enseigne aux personnes à se tirer d'affaires en démarrant leur entreprise. Elle réalise tout cela dans une région dite « éloignée »; pour elle, c'est Montréal qui est loin !

Ce séjour en Gaspésie m'est très salutaire non seulement pour ma santé, mais je me rends utile en travaillant sans trop me forcer comme un gars en vacances.

Outremont, 9 septembre 1991

Ce soir avait lieu la conférence de Allan Gabriel, de Kanesatake. Il nous a parlé des relations entre Mohawks et Québécois. Allen est un gars très sympathique. Après la conférence, alors que tous les assistants avaient quitté la salle, sauf moi qui n'avait pas de voiture, il m'a gentiment offert de me ramener à la maison. Il m'a confié qu'il est marié et qu'il a deux beaux enfants en bas âge. Son épouse est une Inuit du Grand Nord, où elle enseigne en attendant son troisième.

Outremont, 15 novembre 1991

Police ! Police !

Ce matin, j'étais devant la station de métro sur la rue Van Horne, au coin de la rue Wiseman. J'entends soudainement une femme crier, vociférer, engueuler un policier en train de lui rédiger une contravention. Elle fait appel aux gens de la rue:

— C'est abominable ! Il est en train de me donner un billet de trente dollars parce que j'ai traversé la rue sur une lumière rouge. C'est ridicule ! C'est bête ! Il n'a pas le droit de faire cela ! C'est pire qu'en Russie ici !

Pris de pitié pour cette pauvre femme, je me porte à son secours et je vais droit au constable qui est confortablement assis au chaud dans son « char de police » de marque Chevrolet:

— Monsieur, lui dis-je, ne pourriez-vous pas vous servir de votre tête ! Cette femme n'a rien fait de mal ! C'est injuste ce que vous faites là ! Il me répond simplement:

— Si vous avez une plainte à faire, faites-la au bureau-chef. Moi, je fais mon devoir !

C'est un exemple. Il faut protester pour changer les choses. J'aurais dû aller au bureau-chef. Sommes-nous en train de former un corps de police sans âme qui contrôlera tous nos gestes comme une Gestapo ? Ce matin, j'ai trouvé le policier stupide. Compte tenu de la situation, il n'avait pas raison, à mon avis, de coller une contravention à cette dame. Il allait à l'encontre de la charité la plus élémentaire.

Outremont, 25 novembre 1991
Funérailles de Rosaire Godbout

Le père de ma bru Françoise est décédé.

Je suis émerveillé de la belle personnalité qu'avait cet homme. Le curé, dans son homélie, l'a très bien décrite. C'était un homme souriant, toujours prêt à rendre service et fidèle à la prière. Il était membre actif de l'Âge d'Or. Très versé en chiffres, il était trésorier de son club. Il a réalisé des recherches importantes en généalogie. Son petit-fils Alexandre m'a même dit qu'il avait déniché une parenté avec les McComber !

Montréal, 21 novembre 1991
Une belle initiative

Gaétane Laplante, toujours à l'affût des bonnes causes, nous invite à dîner dans un restaurant populaire, le Chic Resto Pop, situé dans le sous-sol de l'église Saint-Denis, dans le quartier Hochelaga-Maisonneuve. C'est l'initiative d'un cuisinier qui enseigne aux jeunes à faire la cuisine et qui, en même temps, sert des repas à prix populaires : 3 $ pour les moins fortunés, 4 $ pour ceux qui sont capables de payer.

Outremont, 19 décembre 1991
Sweet people

Nous sommes dans l'atmosphère de Noël !

Tout à l'heure, nous entendions à la télé le quatuor Sweet People qui chantait des airs de Noël.

Il y a dans ces quatre chanteurs une sincérité, une harmonie, une douceur qui me touchent profondément. Ou bien, est-ce moi qui deviens sentimental ? Les mots me manquent pour traduire tout le bonheur intérieur et toute la paix de l'esprit que cette musique a suscités en moi pour un moment.

Outremont, 23 décembre 1991

Mon journal

Mon journal ! Que devient-il ? Que vaut-il ?

Ce n'est qu'une suite ininterrompue de décès, de fêtes de famille, des sorties, des voyages, des activités du club, des découpures de journaux, des opinions et, à travers tout cela, cette misère que je ne peux soulager.

Pourquoi est-ce que je veux écrire et publier mon journal ?

Peut-être pour me faire plaisir à moi-même ? Ou pour dire aux miens comment j'ai vécu et comment je vis encore aujourd'hui ?

Je voudrais exprimer ce que je ressens dans cette dernière partie de ma vie, l'inquiétude que j'ai pour l'avenir de la jeune génération.

Les jeunes, je vous dis : restez éveillés, soyez actifs, construisez, travaillez pour rester libres.

Je crois que c'est la seule façon de ne pas être dominé; c'est la seule façon de vous engager dans une société où tout est réglementé par des lois; la seule façon d'éviter d'être contrôlé par l'État. Ne laissez pas votre vie dépendre du bon vouloir d'une classe dirigeante; ne devenez pas des moutons qui suivent le troupeau.

Moi, je pense qu'il faut se laisser conduire par l'Esprit. C'est l'Esprit qui nous aide à être libre et heureux. L'Esprit, le mot le dit, inspire. Il faut réussir à décoder le message de l'Esprit et on ne peut le faire qu'à travers les expériences heureuses et malheureuses.

Outremont, 31 décembre 1991

La maladie m'arrête

Cette année, les fêtes n'ont pas été comme les autres.

Depuis une semaine, je ne vais pas bien. J'ai un gros rhume, une bronchite qui est compliquée d'une douleur à la colonne vertébrale. J'ai peine à me lever. Malgré mes malaises, je suis allé à la messe de minuit à Saint-Viateur. J'ai réveillonné chez Françoise avec Jeanne, Catherine, Vincent et Stéphanie.

Dimanche, c'était le « le party » de famille chez Françoise.

Demain, nous irons à Ottawa avec Annette pour le grand dîner du jour de l'An chez Alice. Nous irons voir Albert à la résidence Villeneuve, où il nous a réservé une belle chambre.

Fin décembre, 1991

Je me sens bien peu en forme en cette fin d'année, bien peu prêt à faire marcher les projets que je caresse. Si quelque chose se réalise, il faudra mettre cela au compte de la Providence. Moi, c'est zéro.

Il y a la publication de mon deuxième livre, *Mes cinquante ans dans la fourrure*, que je devrais faire si je trouve de la collaboration. Thérèse s'attend à des développements quant à ses projets de déshydratation de résidus de poissons. Pourrais-je aider à son établissement définitif en Gaspésie ?

Pourrais-je faire quelque chose concrètement pour faire progresser les bonnes causes que j'ai à cœur : le plein emploi, le problème des autochtones ? Quel bonheur ce serait pour moi si un jour la nation mohawk devenait autonome et nous donnait l'exemple d'un peuple paisible et gouverné sagement par des chefs nommés par les mères de clan !

Quelle disproportion entre le peu de capacités qui me restent et les projets que j'ai en tête ! La partie triste de la mort, c'est qu'elle nous met en face de notre petitesse et de notre insignifiance. Quelle folie de penser que moi, pauvre petit grain de poussière dans l'univers, importe un tant soit peu dans la marche du monde ! Cette pensée devrait m'apaiser devant mon impatience à vouloir faire quelque chose

J'essaie de rester calme et me faire croire que la mort n'existe pas pour moi. Est-ce possible ? Qu'est-ce que 1992 me réserve ?

1992
À L'HÔPITAL

Outremont, 11 janvier 1992
Les morts abondent

Comme à tous les ans, je dresse la liste de toutes les personnes de mon entourage qui quittent définitivement pour cette autre vie mystérieuse que nul encore n'a pu définir.

Contrairement à toutes les expériences nouvelles, les amis ne peuvent revenir pour expliquer ce qui se passe vraiment. Et, pour moi, l'inconnu est angoissant. Même si je crois en Dieu, même si je prie et j'ai confiance, cet avenir que je m'efforce d'oublier m'inquiète.

Cette année, je remarque que je n'ai rien noté dans mon journal pour le temps des fêtes, pourtant il y a eu un Noël et un premier de l'An. Plus le temps passe, plus je me demande si ce sera la dernière année que je vivrai. Ce sera mon tour, comme ce l'est pour tous les autres.

J'ai complété ma chronique nécrologique comme à tous les ans. Je réalise que plus je vieillis, plus la liste s'allonge.

C'est très frustrant de travailler avec quelqu'un qui, du jour au lendemain, vous quitte. Il n'est plus là pour poursuivre. Son talent et ses connaissances nous manquent. Il n'est plus, tout simplement.

Outremont, 12 janvier 1992
La fin approche

Toutes ces morts de ma génération me rappellent que bientôt il ne restera que mon nom sur la liste. Je suis anxieux. J'ai l'impression que mon système est usé et qu'une courte maladie aura raison de moi.

Je pense à mon père... La veille de son opération pour la prostate, il me disait : « Ne t'en fais pas, Philippe. Après cette opération de la prostate, ça va bien aller ! Je me sens en bonne forme ! » Et pourtant... il est parti bien vite, avant même d'être opéré !

Et moi... j'ai aujourd'hui dix ans de plus que lui à la date de sa mort... D'après la loi de la moyenne, mon tour devrait arriver bientôt. Mais, je ne me sens pas prêt du tout ! J'ai les mains vides... J'ai besoin encore de temps... pour faire quelque chose... pour me racheter... pour dorer un peu mon image avant de partir pour toujours !

Si je devais partir vite, voici ce que je demanderais à mes successeurs : de poursuivre l'œuvre que j'ai commencée et que je n'ai pas réussi à mener à bonne fin.

C'est quoi mon œuvre ? Ma vie ? Mon histoire ?

Mon message ?.

Oui, mon message : vivre intensément, positivement, développer ses forces, être bon en dedans, prier Dieu, faire la paix et vivre dans l'harmonie en acceptant toutes les différences. C'est le secret du bonheur.

La meilleure façon de communiquer mon message, c'est mon journal. Il faut que mes successeurs publient la deuxième et la troisième parties de mon journal. Parce que mon journal raconte ma vie, avec mes bonheurs, mes temps durs. Et c'est important pour moi de faire comprendre à ceux qui me suivront combien la vie vaut la peine d'être vécue !

Le document donne l'image de ce que je suis. Un être ni aussi bon ni aussi mauvais qu'on le pense. Un être bonasse, sans grand talent, qui a manipulé beaucoup d'argent mais n'a pas réussi à en conserver beaucoup; un chanceux qui a profité des largesses de gens généreux autour de lui : ses parents, son épouse, sa famille, ses amis. Mais, avant tout, un être fragile qui veut profiter le plus possible des derniers jours qu'il lui reste à vivre ci-bas.

C'est mon histoire. Dieu est si bon...

Outremont, le 22 janvier 1992

Ça va de mal en pis

Je passe une dure période. Le 3 janvier, j'ai passé une journée pénible à attendre pour voir un médecin à l'urgence de l'Hôtel-Dieu. Voilà, c'est ce qui fait que je n'ai pas écrit dans mon journal au début de cette année !

J'ai un mal de dos terrible. J'ai passé la nuit à l'urgence au milieu des blessés et, bien sûr, d'autres personnes bien plus malades que moi.

Je reviens à la maison sans qu'on ait trouvé la cause de mon mal et sans qu'on ait rien prescrit pour me soulager.

Outremont, le 26 janvier 1992

Je tombe sur un article de *La Presse* signée par Claude Richer : Quatre milliards, ce n'est pas peu dire, quatre milliards de dollars donnés aux Prairies par Ottawa pour soutenir artificiellement le prix des céréales !

Ces chiffres me font sursauter et soulèvent mon indignation ! Le lendemain, on oublie tout et le gaspillage continue !

Malgré mon mal de dos, j'ai passé une journée agréable. J'ai pu faire un voyage à Valleyfield avec Albert pour visiter des amis : sœur Thérèse Bélanger, Clarisse, Marie-Paule Hébert, épouse d'Edgar Hébert. Retour par Beauharnois pour saluer Arthur Marchand et aller prendre un repas avec lui chez Mémé à Melocheville.

Pour bien finir cette journée plus que satisfaisante, nous avons soupé chez Françoise qui reçoit oncle Albert avec Catherine et Laurent. J'oublie presque mon mal de dos jusqu'au moment du coucher, alors qu'il devient beaucoup plus aigu.

Outremont, 5 mars 1992

Je me demande comment je fais pour soulever ma plume et avoir le courage d'écrire. Je passe des moments de douleurs inimaginables. Me lever et me coucher sont devenus un vrai supplice.

Je me suis rendu à l'urgence de l'Hôtel-Dieu pour me faire soigner, mais on ne trouve pas mon mal. Quel système ! Mon Dieu, quel système !

Je me rends compte que je dois me soigner moi-même. J'aurai, comme je l'ai toujours fait, recours à des moyens naturels : bon régime, aliments biologiques, jeûne, physio-thérapie, massages, repos, détente.

Il me vient à l'idée que la cause de mon mal est le stress. Trop de travail, trop d'inquiétudes.

Je m'en fais trop, je m'énerve, je m'emporte et je m'excite pour rien. Je vais donc essayer de me calmer, d'en faire moins, ou plutôt de moins m'en faire, et de laisser tous ces problèmes qui m'inquiètent dans les mains de la Providence.

J'ai bien assez de m'en faire pour moi-même et ma santé. J'oublie le reste et je mets toute mon attention sur un processus de guérison. Je veux vivre et terminer mon œuvre.

Outremont, 3 avril 1992

Je fais un carême très souffrant ! Dimanche, je suis trans-porté à l'Hôtel-Dieu en ambulance. Moi qui aime tellement le dimanche, celui-là en est un que je voudrais oublier.

J'ai passé deux jours d'examens de toutes sortes à l'urgence pour revenir à la maison mardi soir. J'ai encore très mal, mais il y a un plus dans toute l'histoire, je connais la cause de mon mal : deux fractures à la colonne vertébrale. On me prescrit un repos complet de deux semaines.

Outremont, 11 avril 1992

C'est dimanche, je suis à la maison, en repos et nous essuyons actuellement une tempête de neige terrible. Il est tombé seize centimètres. On signale que c'est un record ! Il y a évidemment beaucoup de voitures en panne. On compte une quinzaine de carambolages sur les autoroutes.

Je passe une dure journée. La douleur au dos est de plus en plus vive. Je me décide à prendre une Atasol (un analgésique), en espérant que ma douleur s'en trouvera atténuée.

Outremont, 19 avril 1992

C'est un beau jour de Pâques, malgré les problèmes de santé que j'éprouve.

Jeanne prépare un dîner d'agneau.

J'éprouve un instant de bonheur avant les jours moins gais que je dois passer au Centre Hospitalier de Côte-des-Neiges.

Centre hospitalier Côte-des-Neiges,
20 mai 1992

Jeanne vient me voir à tous les jours. Aujourd'hui, j'ai eu la visite de Stéphanie. Nous avons soupé ensemble à la cafétéria de l'hôpital. Stéphanie m'apporte des suppléments nutritifs de la Mission Santé. Elle désire vraiment que je guérisse. Nous faisons tous les deux le pacte de prier ensemble pour ma guérison. Je lui explique que je suivrai de plus un régime sévère de jeûne. Je ne prendrai que des fruits et des légumes.

Centre hospitalier Côte-des-Neiges,
21 mai 1992

Me coucher est devenu une torture. J'ai peine à me changer de position seul. Je songe souvent à dormir assis.! Me lever est aussi très douloureux. Je persiste dans ma décision de ne pas prendre de calmants. Un infirmier entre tous les matins dans ma chambre avec une balance. Il prend mon poids ainsi que ma hauteur et ma taille. J'ai perdu au moins quinze livres et j'ai rapetissé de trois pouces.

Outremont, 20 juin 1992
Un bel anniversaire

Et oui, j'en suis sorti ! Vivant ! C'est le plus beau jour d'anniversaire de ma vie. J'ai 84 ans et je me sens comme un ressuscité ! J'ai passé quatre semaines au Centre Hospitalier Côte-des-Neiges, où j'ai eu de très bons soins, quatre jours à l'Hôtel-Dieu pour une opération de la prostate, et me voilà revenu à la maison juste à temps pour ma fête. Je ne suis pas complètement guéri, mais je me sens beaucoup mieux.

Je ressens encore beaucoup de faiblesse à cette colonne qui peut à peine me porter, mais je suis encore capable de me tenir debout. Je réussis à faire quelques exercices, je peux encore marcher même si je dois faire beaucoup d'efforts.

Pour le moment présent, je passe un beau jour de fête. Je suis tellement heureux d'être encore en vie !

Je suis revenu dans l'intimité du foyer avec Jeanne qui, telle une fée merveilleuse, a le don de le rendre chaud et attrayant.

Outremont, 16 août 1992
Beaux jours avec Albert dans la Gatineau

Pour m'asseoir dans la voiture, j'ai maintenant un coussin spécial qui me tient le dos et me rehausse un peu sur le siège. Nous nous sommes rendus dans le parc de la Gatineau avec Albert. Le frère Picard a été pour nous un guide sans pareil.

Albert semble savourer ces petites sorties qui nous font oublier que bientôt il ne sera plus parmi nous. Je trouve que mon frère est un homme extraordinaire. Il a certainement une grâce divine pour rester aussi joyeux malgré l'approche de la fin.

Outremont, 7 octobre 1992
Funérailles de Maurice Laberge

Maurice Laberge est un compagnon d'enfance qui a exactement le même âge que moi. C'est Albert qui a célébré le service. Dans son homélie, il a cité Saint Paul : « *Quant à moi, je sers déjà de libation : l'instant de mon départ approche. J'ai combattu le bon combat. Je suis au bout de ma couche. J'ai gardé la foi...Hâte-toi de me rejoindre...* » (II Thimothée, 4-6-7-9.)

C'est très émouvant d'entendre ces paroles d'une personne aimée qui se prépare à mourir!

Le médecin lui a dit que son cancer progresse et qu'il n'en a plus que pour quelques mois. Combien ? Il ne sait pas au juste. J'ai l'impression que c'est impossible. Il est si bien. De l'extérieur, il a tout d'un homme en santé. Il mange bien, il rit beaucoup, son moral est excellent.

Il va guérir, pourquoi ne guérirait-il pas ?

Je veux essayer d'expliquer le plaisir que nous éprouvons à nous retrouver, lui, Jeanne et moi, en songeant au bonheur qui nous attend après la mort. Dans ces moments-là, je n'ai plus d'inquiétudes. C'est mon petit frère qui me montre l'exemple.

La compagnie d'Albert m'apporte des pensées consolantes. Il semble tellement jouir d'une grande paix. Il dit qu'un grand bonheur nous attend dans la mort : celui de laisser à tous ceux qu'on aime un si riche, un si bel héritage, la Vie elle-même, Dieu lui-même, le Dieu vivant qui nous aime, de qui nous tenons la vie et toutes les beautés et les bontés qu'elle contient.

Ottawa, 8 novembre 1992

Avec Albert

Jeanne et moi sommes bien installés dans notre confortable chambre de la résidence Villeneuve, juste avant la messe de 11 heures et quart à laquelle nous allons assister avec Albert. Nous venons de le laisser; il est toujours aussi serein et souriant. Il nous laisse voir qu'il est réellement heureux de nous recevoir et d'échanger avec nous toutes sortes de bons souvenirs.

Outremont, 1er novembre 1992

La Toussaint

La Toussaint est le thème de la mort. Il représente l'entrée au ciel de tous les saints, c'est-à-dire l'entrée dans l'éternité. D'après moi, c'est un non sens. Je pense qu'on n'entre pas dans l'éternité, on y est déjà. L'éternité, c'est le monde de l'Esprit, le grand Mystère qui est évoqué par l'Halloween que fêtent les enfants. Passe la mort, mais survient l'Esprit qui se manifeste dans l'ombre avec un masque pour nous faire peur, comme on bouche les yeux d'un enfant avant de lui révéler les belles surprises qu'on lui a préparées pour sa fête.

C'est beau la mort, qui nous découvre la vie resplendissante de l'Esprit. Albert voit venir la mort avec une grande croyance à l'Esprit. Les nombreux échanges que nous avons à ce propos en témoignent.

Il est en train de photocopier mon journal, la section qui couvre 1950 à 1980. Il vient à mon secours. Il a décidé de s'en faire un livre pour lui. Ce qui m'encourage et me donne des idées pour la publication que je veux en faire.

Il termine aussi une petite brochure d'un interview de François Mairot sur sa carrière au Lesotho. Il a une énergie et un sens pratique extraordinaires pour un homme qui est presque mourant !

Fin d'année, 1992

Je suis frappé par la liste des morts qui s'allonge et le fossé qui se creuse autour de moi. Ma génération disparaît lentement pour laisser la place aux autres du futur.

Bientôt, mon tour viendra et je devrai prendre le train pour l'au-delà. J'ai de la difficulté à me convaincre que c'est beau de l'autre côté. Je préfère ne pas trop y penser et oublier dans l'action que la vie terrestre a une fin.

En 1993, je veux employer tout mon temps à faire « quelque chose » et à vivre le plus intensément possible.

1993

LA FIN D'UN MONDE

Outremont, 23 janvier 1993

Je commence mon journal de l'année 1993 et je remarque que ce début ressemble à celui d'il y a soixante-seize ans !

Le 5 octobre 1917 :

« Aujourd'hui, vendredi, je commence mon journal. Albert a 5 ans, il est debout autour de la table après arranger le moulin à viande. Maman est là qui lui dit : Touche pas, c'est chaud ! »

Que de temps écoulé depuis ce commencement, que de naissances et de morts, que de chemin parcouru en quête de bonheur ! Ce sont des épisodes de ce chemin parcouru que je décris dans mon journal. Et, je commence aujourd'hui à écrire le chemin que je parcourrai en l'année 1993.

Je voudrais revivre ce temps précieux du passé. Je voudrais le conserver, l'immortaliser. Il est passé. J'ai écrit comment il est passé pour moi, beau, merveilleux; comment j'ai découvert le monde. Au début j'étais guidé par mon père qui m'a appris à le connaître et à l'aimer. J'ai connu graduellement Châteauguay et les environs, le lac Saint-Louis, Bellevue, Beauharnois, Sainte-Martine, Caughnawaga, Sainte-Philomène.

Puis, j'ai connu Montréal. À cette époque, c'était loin... Montréal ! C'était la grande ville, Montréal ! Puis, j'ai connu le reste du Québec, l'Ontario, le Nouveau-Brunswick, et plus tard quelques parties du vaste monde.

La vie a été pour moi une suite de découvertes merveilleuses. Dans le monde des affaires, j'ai connu une pléiade de marchands et de clients qui sont devenus mes amis.

23 janvier 1993

Souvenirs

Le premier travail que mon père m'a assigné fut de faire une liste de clients éventuels pour ses « plates » de mouton de Perse. À l'aide de Dun & Bradstreet, je devais trouver les noms de marchands de fourrure ou magasins généraux susceptibles d'acheter de la fourrure. Je devais aussi indiquer leur cote de crédit. C'est ainsi qu'il m'apprenait à faire des études de marché.

Les affaires ont bien fonctionné tant que j'ai administré le magasin, comme me l'a enseigné mon père. Ou, du moins, tant que le monde des affaires a fonctionné comme au temps de mon père...

J'ai connu des années très dures dans mon immense magasin de l'avenue du Parc qui était plein de voûtes de fourrure. J'ai été favorisé à ce moment là lorsqu'un acheteur s'est présenté et a fait l'acquisition de la bâtisse à un prix fort avantageux.

C'est arrivé en même temps que notre déménagement à Châteauguay dans la vieille maison paternelle toute rénovée. C'est là que Jeanne et moi avons connu les plus belles années de notre vie. Ce furent des années de cours et de soirées de danse avec Diane et Réal, des visites à Terre des Hommes pendant l'Expo 67. Pendant les années qui ont suivi, il y a eu l'Association des loisirs de Châteauguay, les danses folkloriques, le 300e anniversaire de la Seigneurie de Châteauguay.

Puis, ce furent les années des beaux voyages en Europe, en Floride, au Mexique, en Guadeloupe, Caraïbes, Martinique, Maroc, Polynésie, Colombie, Panama.

Tout a fini brusquement lorsque j'ai subi une intervention chirurgicale, puis je suis revenu à Montréal dans le condo du Royal York.

Je dois beaucoup à mon père qui, petit à petit, imperceptiblement, m'a appris à aimer le monde, la nature, les hommes et le travail.

Ma reconnaissance va aussi beaucoup à ma mère qui m'a appris la charité, le don de la vie et la reconnaissance au Seigneur. Elle nous aimait tendrement; c'est elle qui nous a montré le chemin de l'Église.

Je commence mon journal pour 1993. J'espère que le temps qu'il me reste sera aussi merveilleux que le temps passé.

En 1917, j'ai commencé mon journal en racontant la mort de mon grand-père. Par la suite, j'ai toujours continué à enregistrer la mort d'êtres chers, parents, amis qui ont contribué à me construire. Ils ont participé à ce que je suis. Ils étaient tous en rapport avec moi.

La vie a un côté triste. Elle est semée d'épreuves; mais, à l'instar du chevalier qui les franchit toutes, elles servent à renforcer. C'est la notion du guerrier qu'enseignent les disciplines japonaises. Il faut sortir vainqueur de toutes les épreuves.

Je commence mon journal en 1993. Elle peut venir la mort, l'épreuve ultime. Si les autres l'ont affrontée, je le peux aussi. J'ai bien réussi à naître ! Et ceux qui ont vécu les « Near Death Experience » nous disent que c'est le plus beau moment de la vie. Bon, attendons et, en attendant, je me contenterai de jouir intensément du présent qui est très beau.

Le téléphone sonne. C'est mon ami François Bastien qui m'informe que dans l'édition du dimanche du *Journal de Montréal* apparaissent, dans la section du centre, de magnifiques photos du lancement de mon livre qui a eu lieu le 18 janvier dernier.

Fini le journal pour aujourd'hui, je cours... ou plutôt je marche jusqu'au dépanneur pour acheter le journal.

Outremont, 23 janvier 1993
Lancement de mon livre
Mes cinquante ans dans la fourrure

Mon livre a été publié sous les auspices des Ultramontais et avec la collaboration intime de tous les membres. Le lancement a rassemblé plus de deux cents parents et amis, dont le ministre de l'Industrie, du Commerce et de la Technologie, M. Gérald Tremblay;   le député fédéral, M. Jean-Pierre Hogue; le président de la FADOQ, M. Philippe Lapointe; l'écologiste M. Pierre Dansereau, le père André Faucher, o.m.i. qui représentait mon frère Albert; le président des Maîtres-fourreurs associés Jean Guy Belzile, et Steve McComber, sculpteur de Kahnawake.

Outremont, 28 janvier 1993
Nouvelle triste

Mon ami Arthur, d'une voix éteinte, m'annonce par téléphone la mort d'Henriette, sa sœur. La douce et souriante Henriette n'est plus. Elle a mené l'existence d'un bel oiseau. Elle aura été là pour servir. Elle a rendu la vie agréable aux autres.

Beauharnois, 29 janvier 1993
Les funérailles ont eu lieu dans la belle église de Beauharnois toute blanche et étincelante comme il convenait pour nous rappeler l'âme pure de la gentille Henriette. Le curé Cartier, dans son homélie, a fait allusion à son talent d'artiste comme musicienne, comme danseuse, comme amateure de fleurs et de tout ce qu'il y a de beau dans la nature.

Ottawa, 23 mai 1993

Ce matin, je suis en pleine euphorie ! J'écris de notre chambre à la résidence Villeneuve. Vers 5 heures et demie, de la fenêtre j'ai admiré un splendide lever de soleil. Le ciel semblait en feu. Le soleil apparaissait en un beau disque rouge qui s'élevait lentement à l'horizon. C'est un présage de lumière et de chaleur.

Je me sens en forme. J'anticipe le déjeuner tout à l'heure avec Albert qui va très bien ce matin. Il est souriant, reposé. Il finit de réciter son bréviaire et nous allons prendre un réconfortant petit déjeuner en compagnie du frère Jean-Paul Picard, jeune ecclésiastique plein de vie, sportif, photographe émérite, amateur de bicyclette et de ski.

Nous irons cet après-midi admirer les tulipes, voir leur dernier déploiement de beauté avant de se faner et de perdre leurs pétales. Leur courte existence aura servi à réjouir l'œil et à semer l'espérance parmi les hommes pleins d'inquiétude et d'angoisse. Tout à l'heure, à l'Eucharistie, nous offrirons ensemble au Créateur les fleurs, le soleil et nos vies pour Le remercier d'être si près de nous, avec nous, en nous. La vie est belle.

Outremont, 20 juin 1993

Jour de fête mémorable

Mes enfants ont organisé un dîner amical au El Toro pour fêter mes 85 ans. Je suis toujours très heureux lorsque j'ai tous les miens près de moi. Outre Jeanne et les enfants et les petits-enfants, il y avait mes deux cousines Simone et Pauline. Andjei Novak et son épouse y étaient aussi. Je me rappelle toujours l'accueil que nous avions fait à tous ces enfants polonais qui se réfugiaient au Canada. Nous avions presque adopté Andjei. Alma Godbout, la mère de Françoise était présente et Thérèse avait même amené Oscar

Sawadogo, un Burkinabé qu'elle héberge pour la période estivale.

J'ai reçu beaucoup de présents. Un brunch somptueux nous a été offert. Tous semblaient heureux d'y être et de fêter mes quatre-vingt-cinq années de vie. Comme pour tous les moments heureux, l'avant-midi a passé très vite.

Outremont, 18 juillet 1993

Les Ultramontais reviennent d'un magnifique voyage en Gaspésie. Ils ont été enchantés par la beauté des lieux. Thérèse les a guidés dans des endroits inusités qui faisaient mieux connaître les combats que doivent livrer les Gaspésiens et Gaspésiennes afin que cette belle région puisse se développer.

Au retour, nous avons rencontré Monseigneur Blanchet, l'archevêque de Rimouski et auteur d'un document appelé *La Gaspésie a-t-elle un avenir ?* Diminution des ressources, baisse démographique importante, érosion sous toutes ses formes, doit-on assister impuissant à la fermeture des régions ? Thérèse est membre d'un mouvement social qu'on appelle le Ralliement gaspésien et madelinot qui dénonce les politiques économiques qui occasionnent cette situation.

À la Grange du Bic, nous sommes allés voir une pièce de théâtre dans laquelle joue Jean-Louis Roux : *La jeune fille et la mort.* C'est du grand théâtre qui m'a bouleversé. Trois comédiens tiennent l'assistance en haleine pendant toute la pièce. Celle-ci est un vibrant appel au pardon comme vrai moyen de contrer le mal et la violence.

Mercier, 11 août 1993

Je me suis rendu aux funérailles de mon confrère Ovila Lefebvre qui est décédé subitement dimanche en jouant aux cartes. Nous étions treize au collège. Je réalise que lui, c'est l'avant-dernier qui meurt. Je suis le seul qui reste.

« Nous mourons avec chacun de nos amis ».

Sainte-Agathe, 12 août 1993

Aujourd'hui, on a transporté Albert de la Résidence Deschâtelets à l'infirmerie de Sainte-Agathe. Le père Marcel Mongeau nous reçoit chaleureusement. Albert est venu faire une promenade avec nous dans le magnifique jardin. Il n'est pas très solide sur ses jambes mais ne se soucie pas de prendre une canne. Nous avons passé une heure avec lui. Nous essayons de rester joyeux.

Sainte-Agathe, 22 août 1993

Albert ne marche plus. Ses jambes ne le supportent plus. On l'a installé dans un lit d'hôpital. On lui donne tous les soins nécessaires. Il est traité comme un prince. Son moral est bon. Il est calme et souriant. Il dit encore la messe (communautaire) dans sa chaise roulante.

Mais, aujourd'hui, il pleurait quand Jeanne et moi sommes partis. Je dois avouer que moi aussi j'avais le cœur bien gros. Jeanne semblait très émue.

Outremont, 7 septembre 1993
La mort d'Albert

En entrant à la maison après une course en ville, Jeanne m'apprend d'un air triste qu'elle vient de recevoir un appel d'Albert Poirier de la résidence Villeneuve. Il lui apprend qu'Albert est décédé cette nuit. Bien que je m'attendais à la nouvelle, elle m'a donné un coup au cœur. Et moi qui aurais tant voulu être près de lui à ses derniers moments ! La mort est bien cruelle et je me demande qui souffre le plus, celui qui part ou celui qui reste ?

Voilà, Albert est l'avant-dernier de ma famille. Il ne reste que moi. Je n'ai plus ni père, ni mère, ni frères, ni sœurs. Il me reste femme, enfants et petits-enfants. Je me sens tellement triste.

Albert est décédé comme il a toujours vécu, dans la paix, sans agonie apparente. Je suis convaincu qu'il continue à vivre glorieusement, invisible à nos yeux, mais bien près de nous. Je vais beaucoup manquer sa présence.

9 septembre 1993

Albert exposé en chapelle ardente

Nous sommes arrivés à Ottawa peu avant midi. Nous avons été reçus à la Résidence Villeneuve par le frère Albert. Il nous amène directement à la chapelle voir Albert qui y est exposé. Il est entouré de fleurs. Il est très beau, sa figure est rayonnante. Le frère Poirier semble aussi ému que nous. Il perd certainement un ami qu'il aimait et admirait beaucoup. C'est lui qui s'occupait d'Albert depuis son arrivée à Deschatelets.

Le père Garceau nous raconte qu'il est mort paisiblement, il était 4 heures et trois quarts, le mardi, 7 septembre. Il nous dit qu'il a eu sa connaissance jusqu'à la fin. Pendant qu'on le gardait, il a cessé doucement de respirer.

Dans la nuit qui a suivi son arrivée dans la résidence Deschâtelets, la foudre est tombée sur l'édifice, brisant la croix qui s'est écroulée avec sa base. C'est une pierre d'une demi-tonne qui s'est effondrée sur le perron de la maison. On dit que l'éclair a été fulgurant, illuminant toute la maison l'espace d'une seconde. Les pères pensent que c'est un message ou un signe du ciel.

Outremont, 12 septembre 1993

Nous arrivons des funérailles d'Albert qui ont eu lieu hier à l'église Sacré-Cœur en présence de cinquante pères Oblats en aubes blanches. C'est Monseigneur Claude

Turcotte qui officiait. Le père Boisvert a fait une homélie très touchante.

Il y a eu un autre service à Richelieu auquel ont assisté plusieurs amis intimes de Châteauguay.

Avec Albert, c'est une partie de moi-même qui disparaît. Albert était tout pour moi. Il était mon confident, mon conseiller, mon modèle. Je crois pouvoir dire que Jeanne partageait les mêmes sentiments.

Il était le dernier lien avec ma famille, le seul avec qui je pouvais parler des jours heureux de notre enfance dans la vieille maison de Châteauguay, à l'école, à l'église, au couvent, près de la rivière.

Il y avait en sa compagnie un charme bien spécial.

Depuis son retour au Canada, Jeanne et moi avons passé plusieurs bons moments avec lui. Ils ont été pour nous des instants d'intense bonheur. Je me souviens des parties de scrabble...

Il irradiait la joie et la paix.

Il était présent au début de notre union. Albert a été le témoin de toutes nos joies et de toutes nos peines tout au cours de notre vie. C'est un peu du paradis que nous avons perdu. Je crois que je ne me consolerai jamais.

Quand il est parti en Afrique, j'étais peiné aussi. Je savais que je le reverrais, mais que ce serait long et qu'il me manquerait. Aujourd'hui, il est parti et je ne le reverrai plus.

Outremont, 13 septembre 1993
Accord entre Israël et l'OLP

Comme Albert aurait été heureux d'assister à cette poignée de main entre deux ennemis ! Yasser Arafat et Yitzhak Rabin se sont donné la main ! Je vois une lueur d'espoir dans notre monde bouleversé.

C'est un peu ma prédiction : nous nous acheminons

dans un monde nouveau où il y aura moins de guerre. « C'est la fin de la violence », a lancé Rabin dans son discours qui deviendra mémorable. Le président américain Clinton a dit : « Nous nous disons d'une voix haute et claire : assez de sang et de larmes ! » « Assez ! », a pour sa part lancé Rabin.

Outremont, 21 septembre 1993
Éléonore Sioui

Madame Sioui a donné une conférence à l'Université sur la spiritualité indienne. Elle est la mère de sept enfants,dont trois sont des professionnels.

Elle a débuté sa conférence par cette remarque véhémente : « On s'apitoie beaucoup avec raison sur l'holocauste juif qui a duré un certain temps et qui est terminé. Le génocide des Indiens dure depuis trois cents ans et se continue toujours ! »

J'aime beaucoup la spiritualité indienne telle qu'elle l'explique.

L'Indien a le culte de la Terre, la Tortue d'où nous vient la vie. Nous vivons la vie en harmonie avec le cosmos, le Tout, la Totalité, le carré, les quatre points cardinaux : l'est, le nord, le sud, l'ouest; les quatre éléments : l'air, le feu, l'eau, la terre.

C'est une spiritualité réaliste, qui trouve Dieu dans ses créatures, dans le concret, dans la nature, les animaux, les plantes. Ce sont là des idées extraites de sa conférence et que j'ai prises au hasard.

5, 6, 7 et 8 octobre 1993
Voyage vers Québec

Jeanne a organisé un très beau voyage avec les Ultramontais. Nous sommes allés vers Québec pour admirer le paysage d'automne.

Nous avons visité le presbytère de Batiscan qui est authentique. Il donne la vraie image de la vie dure de la paroisse et des habitants de ce temps-là. Nous avons lunché au Château Bonne-Entente à Sainte-Foy.

Au village Huron reconstitué de Wendake, nous avons vu une industrie de canots, raquettes et mocassins. Le souper au restaurant du théâtre Capitol a bien clos la journée.

Le lendemain, nous avons mangé au Lœw's Concorde. À Charlesbourg, on a appris ce qu'est le « trait carré ». Ce jour-là s'est terminé au Manoir Saint-Castin. C'est dans un décor champêtre que nous avons pris un souper gastronomique dans le superbe Parc Cartier.

Le dernier jour, le dîner a eu lieu à la maison Deschambault. Notre hôte était plein d'humour et il nous a fait rire aux larmes !

J'ai été bien impressionné par la visite que nous avons faite à Éléonore Sioui. Elle nous a accueillis aimablement dans sa maison privée. Nous étions quarante personnes toutes entassées dans son petit salon.

Elle nous a parlé amicalement de sa religion qui est très simple. C'est la nature, les plantes, les arbres, les animaux. Dieu, pour elle, ce n'est pas un grand personnage qui trône du haut des cieux. Sa religion, c'est la terre-mère, la Nature d'où nous viennent tous les biens, la beauté, l'abondance. Similitude avec la religion de l'avenir dont nous parle Pannikar : amour du cosmos, de Dieu et de tous les humains.

Outremont, 13 octobre 1993
Pour un Canada sans armée

Jean-Louis Roux accepte de donner une conférence au

Club. Il a traité le sujet que nous lui avons proposé : « Si j'étais premier ministre ! »

Il dit que, s'il était premier ministre, un des premiers gestes qu'il poserait serait d'abolir l'armée et de la remplacer par des escouades de secours. C'est une idée intéressante. J'espère que les pacifistes s'y rallieront tous.

Outremont, 14 novembre 1993

Dimanche sombre

À l'extérieur, il y a du vent, de la pluie, c'est un temps mort, le mois des morts.

La province est en deuil. Doris Lussier, professeur, comédien, penseur, est décédé. Il était une élite de notre société canadienne-française. Le père Gédéon ne nous fera plus rire.

Saint-Isidore, 20 novembre 1993

Un beau jour à la campagne

Je reprends vie tranquillement. Jeanne et moi venons de passer une belle journée de fête. Nous répondons à une invitation d'Éda Poirier Ménard. Nous sommes allés lui rendre visite à sa belle demeure de Saint-Rémi. Elle nous a préparé un dîner extraordinaire, un vrai repas des fêtes. Nous nous sommes trouvés dans une famille qui ne croit pas au chômage et qui a confiance dans l'avenir. Il y a là une recette pour survivre en ces temps de grande dépression.

Il semble que le fait de posséder un lopin de terre et de le faire fructifier est assez pour s'assurer la sécurité pour le vieil âge.

Au temps de mon enfance, le cultivateur sur sa terre réussissait à survivre à force de travail et d'entraide. C'est reconnu, les familles nombreuses s'en tiraient toujours mieux que les familles qui n'avaient pas d'enfants ou qui étaient uniparentales. L'entraide, c'est une valeur qu'on a tuée avec l'évolution de l'individualisme. On a pris la liberté, mais on a oublié la fraternité et peut-être aussi l'égalité...

Éda et son mari, Laurent Ménard, vivent comme des seigneurs sur leur petite terre. Voilà ce qui serait une belle opportunité de s'en sortir pour les chômeurs de la ville : s'établir à la campagne parce que sur la terre, il y a toujours du travail et du pain. Pourquoi le gouvernement ne rend-il pas l'accès au crédit plus facile pour les chômeurs ?

Pour posséder une terre, bien sûr il faut l'acheter; et quand on est chômeur, on n'a pas l'argent qu'il faut. Et il y a toujours le fait que certaines personnes seront toujours de grands travailleurs, même si elles n'ont pas les capacités d'administrer. C'est là qu'on pourrait former des coopératives agricoles... Ces coopératives pourraient devenir comme des incubateurs et les gens apprendraient !

Il y a toujours des solutions, il suffit de vouloir et de lutter, le surplus vient toujours par surcroît.

Je lis dans la vie de Jung un passage bien à propos au sujet de la terre : « *Sans ma terre, mon œuvre n'aurait pu voir le jour.* » Jusqu'à un âge avancé, Jung se détendit en fendant du bois, bêchant, plantant et récoltant. Plus jeune, il s'était adonné avec passion à la voile et à tous les sports nautiques.

Outremont, 21 novembre 1993

Tout semble revenu à la normale, c'est un beau dimanche matin et je suis entre la prêche et le dîner. Même si c'est le temps le plus beau de la semaine, je ne sens pas la détente complète. Il y a trop de problèmes qui m'inquiètent.

Je me reprends à penser à la situation mondiale que je trouve très angoissante tandis que les trois quarts du monde vivent comme si de rien n'était !

Claude Picher dans *La Presse* du 19 novembre écrit, en parlant du déficit national, que c'est un « cancer qui est en train de nous précipiter à toute vitesse vers la tiers-mondialisation ».

Je vois mal ce que nos gouvernements font de concret pour régler ce problème.

Est-ce que les aînés y font quelque chose ? Et moi, qu'est-ce que je peux faire pour trouver des solutions ? Est-ce que j'ai encore des capacités pour, par exemple, contribuer à arrêter les chicanes politiques si déprimantes ? Que faire contre cette dictature bureaucratique qui fait la pluie et le beau temps ?

J'ai peine à croire que c'est ma génération qui a construit le monde dans lequel nous vivons aujourd'hui. Je suis de ceux qui sont nés au début du siècle, je suis de ceux qui mourront avec le vingtième siècle. Les grandes entreprises, la bureaucratisation, l'industrialisation, c'était tellement beau quand tout a commencé. Pour nous, c'était le progrès. Je me souviens de ma première automobile. J'admirais Henry Ford, Edison, Firestone et les autres.

Le balancier s'est sans doute rendu trop loin... Et puis, fini mon journal pour aujourd'hui ! Me voilà devenu sombre. Je fais mieux de m'harmoniser avec la température de l'extérieur et profiter du beau temps.

Outremont, 25 décembre 1993

Il faisait très beau la nuit de Noël. Nous avons marché jusqu'à l'église Saint-Viateur pour la messe de minuit. Le concert grandiose du chœur de la paroisse était accompagné d'orgue et de trompettes. C'est le quatre-vingt-cinquième Noël que je passe et je ne peux m'empêcher d'être ému et de vibrer quand le concert de Noël commence à l'église. C'est tellement beau. J'ai vécu des messes de minuit dans des paroisses bien différentes À la campagne comme à la ville, cette émotion de Noël est toujours présente.

Cette année, je manque le Noël passé avec Albert à Ottawa. Je suis triste en pensant qu'il ne se renouvellera jamais.

Hier, le souper de famille avait lieu chez Vincent. Tous mes petits-enfants y étaient, sauf Geneviève et Stéphanie. J'aimerais tellement pouvoir leur dire comme je suis heureux quand ils sont tous là. Leur présence m'est très chère. S'ils savaient que c'est le plus beau cadeau qu'ils peuvent me faire, peut-être viendraient-ils plus souvent ?

Outremont, 26 décembre 1993

Nous sommes arrivés à la première tempête de neige de l'année. Il est tombé vingt centimètres de neige mouillée. La tempête a été suivie d'un froid glacial qui a eu pour effet de transformer la ville en patinoire. Ma voiture est devenue un bloc de glace... J'ai eu beaucoup de difficulté à la déneiger. Et pour comble de malheur, puisque cette tâche me prend énormément de temps, elle a été remorquée et j'ai eu une contravention de soixante-quinze dollars.

J'ai l'impression que c'est l'hiver le plus pénible que je n'aie jamais passé ! Et ce soir, en me couchant, je me demande si j'aurai la force et le courage d'en passer un autre pareil...

RÉFLEXIONS SUR 1993

La vie est bien bonne pour moi. Je crois de plus en plus que la Providence répond à mes prières et arrange bien les choses... pas toujours comme je le voudrais, mais souvent mieux.

J'ai commencé l'année en citant le début de mon journal de 1917 qui relate la mort de mon grand-père Philippe.

Je termine mon journal après avoir enregistré plusieurs morts, dont celles de ma sœur Cécile en 1918, ma mère en 1939, mon père en 1949, ma sœur Claire en 1954, mon frère Raymond en 1958, mon fils Michel en 1990 et cette année, en 1993, mon dernier frère vivant, Albert. C'est une année marquée d'un fer rouge. C'est une année réaliste et dure. Je ne peux que penser qu'elle est annonciatrice de la fin de la vie.

La mort d'Albert me fait beaucoup réfléchir et me fait prendre conscience de la réalité de la mort sans laquelle le temps n'existerait pas. Le courage et le calme de mon frère devant la fin certaine, sans espoir de guérison, la grande paix qu'on lisait sur sa figure aux derniers moments, me rendent la mort plus acceptable.

Si j'accepte de vivre, il faut que j'accepte de mourir. Je veux bien. Seulement, pas tout de suite, j'ai tant à faire encore. À l'exemple de mon frère et de plusieurs aînés de mon club, j'essaie de rester calme et actif. J'essaie aussi de ne pas trop penser à ce que pourraient être mes derniers jours. Une pensée me réconforte : le monde continue d'exister après la mort. Après ma mort, ce n'est pas la fin du monde.

À chaque nouveau malheur qui arrive, j'entends Jeanne s'exclamer : « Je crois que c'est la fin du monde ! » Et moi, j'essaie de lui expliquer que je crois que ce n'est pas la fin du monde !

Je me demande si, en fait, il y aura une fin du monde. Des passages de l'Évangile m'incitent à le croire, comme quand les disciples demandent à Jésus : « Dis-nous quand ce sera et quel sera le signe de ton avènement et de la FIN DU MONDE ? » Jésus leur dit : « Vous entendrez parler de guerres et de bruits de guerre : gardez-vous d'être troublés... tout cela est le commencement des douleurs... et cet évangile du royaume sera prêché dans tout l'univers en témoignage pour toutes les nations, ET ALORS VIENDRA LA FIN.»

L'Apocalypse de saint Jean prophétise de manière mystérieuse la FIN DES TEMPS, c'est-à-dire la fin d'une époque et l'annonce de celle qui devrait logiquement lui succéder.

Il y aura évidemment une fin des temps, la planète cessera d'exister. Les scientistes l'affirment, mais ils disent bien aussi que ça ne sera pas avant mille millions d'années ! Ce qu'il y a d'inquiétant, c'est que depuis que l'homme a produit l'énergie nucléaire, il est en son pouvoir de faire sauter la planète et d'anéantir tout ce qui existe. Mais, cela ne veut pas dire que c'est ce qui va arriver. Je crois plutôt que nous assistons à la fin d'un monde, le monde de la domination de l'homme sur l'homme, le monde de la guerre et de la force brutale pour accéder à un monde plus humain où la puissance de l'Esprit se manifeste de plus en plus.

Un vent de surnaturel souffle d'Est en Ouest. C'est le retour du balancier. Alors qu'il était gênant d'affirmer qu'on croyait en Dieu, il devient normal et courant de prier et de parler d'intervention extra-terrestre dans nos destinées.

En ce qui me concerne, il me serait difficile de ne pas voir que tout ce qui m'arrive semble ordonné par une intelligence supérieure qui fait tourner maints événements du côté du bien.

Bien que la mort rôde et que je la sente près de moi, je la vois venir avec moins d'appréhension. J'essaie de n'y pas trop penser. L'exemple d'Albert me réconforte. Comment ne pas croire que retourner à cette entité surnaturelle qu'on appelle Dieu, Yaweh ou Allah, c'est retourner à la vie ? Alors pourquoi craindre la mort ? Mais...ça ne fait rien... À l'approche de la mort, je tremble. Je ne me lasse pas de dire « Je vous salue Marie, priez pour nous maintenant et à l'heure de notre mort ! » Et j'ai confiance que tout va bien se passer.

1994

LE MONDE DES ANGES

Outremont, dimanche 9 janvier 1994

Que l'année 1994, soit la plus heureuse de toute votre vie ! C'est le souhait que nous a fait notre bon ami Luciani, membre du club, un copropriétaire du Royal York, octogénaire, qui habite un appartement au rez-de-chaussée, juste au-dessous du nôtre.

C'est le plus beau souhait qu'on puisse me faire. Je me souhaite qu'il se réalise ! Pourquoi pas ? En fin de compte, il n'en tient qu'à moi de faire de 1994 la plus heureuse année de ma vie. Car le bonheur, c'est à soi-même de le faire, le bonheur est à l'intérieur.

J'ai jeûné à moitié ce matin. J'ai mangé une pomme, une demi-banane, j'ai bu un café en plus de mon tonique de levure et de mes vitamines. Je me demande quand j'ai commencé à prendre des vitamines à tous les matins. Je commence par préparer le café. Pendant qu'il mijote, je mêle la levure avec du jus de pomme et j'avale plusieurs sortes de suppléments (calcium, beta-carotene, hydroxy-apatite, etc.) qui, je le crois, contribuent à me garder en vie.

Le jeûne est une semence comme celle que fait le fermier qui jette le grain en terre avec la certitude du miracle qui en produira mille autres. Je jeûne pour ma santé. Je trouve dommage que notre culture nord-américaine ait banni le jeûne contrairement à plusieurs coutumes orientales qui préconisent cette pratique thérapeutique.

L'expérience me fait aussi réaliser que ce qui est fait avec amour, bénévolement, rapporte toujours au centuple. Souvent, je n'ai pas vu le résultat dans l'immédiat, mais aujourd'hui, je réalise qu'il existe. Quand je réussis à le voir je suis heureux. Heureusement que je ne le vois pas toujours sur le coup, parce que je serais trop content de moi ! Je me penserais trop bon !

C'est pourquoi je suis certain que le travail fait avec amour rapporte. C'est souvent difficilement perceptible et il ne faut surtout pas évaluer le résultat en argent. La récompense est souvent subtile et difficile à discerner, mais elle n'en est pas moins réelle.

Voilà pour mes réflexions de ce dimanche matin.

Outremont, 25 janvier 1994

C'est la période de froid la plus intense que j'aie jamais ressentie de ma vie ! Les mercures ont baissé jusqu'à 40°C. sous zéro. Il paraît que tous les records de froid sont battus!

Encore une fois ma voiture est changée en bloc de glace et refuse de démarrer. J'ai dû me faire remorquer deux fois.

Outremont, 10 février 1994
Anniversaire de Jeanne

La voix de mon cœur me dit que ce fut une belle journée pour Jeanne. Cet après-midi, lorsqu'elle est allée jouer aux cartes, elle a reçu les souhaits de tous qui l'ont embrassée et lui ont offert un succulent gâteau !

Je lui ai moi-même donné un petit cadeau et tous les enfants. sans exception. lui ont téléphoné. En soirée, de passage à la maison provinciale des Oblats, rue du Musée, les pères nous ont invités pour souper et tous les membres de la communauté sont venus lui souhaiter une bonne fête !

Outremont, 27 février 1994

J'ai regardé la cérémonie de clôture des Jeux olympiques de Lillehammer à la télévision. Le déploiement des couleurs et le travail de ces milliers d'artistes en ont fait un moment palpitant et un spectacle sensationnel !

Cette émission m'a permis de faire connaissance avec la Norvège, la reine et son époux qui m'ont semblé très sympathiques et cultivés. Pour la parade finale, les athlètes se sont tous mélangés et ont fraternisé au lieu de se tenir pays par pays, comme cela se fait habituellement.

Nous approchons du temps où tous les humains se parleront, se donneront la main et vivront en paix. Ce serait tellement plus intelligent que de se faire la guerre !

Outremont 6 avril 1994

Je lis dans le journal de Jean-Paul Desbiens une pensée fort judicieuse : « Il faut que je me pénètre de l'objurgation de Saint Jacques : *ESTOTE FACTORES VERBI !* Soyez des FAISEURS de la Parole (Jc 1,22). »

Je compare ce texte au « FAITES ÇA» du petit évangile du Père Roy ou bien du texte de Michel Serres : « Ne dites pas, FAITES ! » C'est de l'action qu'il faut, non pas des flots de paroles et d'écrits inutiles. Dans l'Âge d'or, il ne nous est pas donné de faire des actions d'éclat; nous nous contentons de nous offrir de petits plaisirs pour nous rendre la vie agréable, comme celui d'aller à une partie de sucre pour saluer le printemps.

Saint-Esprit, 7 avril 1994
Cabane à sucre

Le choix que nous avons fait pour notre partie de sucre a été heureux ! Nous nous sommes rendus chez les femmes Collin, dans la région de Lanaudière. Cette cabane à sucre est une entreprise féminine. Elle a été démarrée à partir de l'initiative des femmes et elle semble réussir très bien. Elles nous disent que de nombreux clubs d'Âge d'or viennent les visiter et y passent d'heureux moments. Il est toujours agréable de nous rencontrer entre clubs.

Outremont, 20 avril 1994
Une heureuse rencontre

À la sortie de la messe de 11 heures à la Chapelle des Clercs St-Viateur, j'ai eu la surprise d'apercevoir une figure connue, l'air tout souriant. C'est Gérard Samuel, un de mes anciens tailleurs de mouton qu'il me fait bien plaisir de revoir. Gérard a appris chez nous à bien tailler le mouton de Perse et il a aussi pris le goût de partir en affaires, ce qu'il a fait et réussi, si bien que maintenant son fils Pierre continue et gère un imposant magasin au 2225 Francis Hugues à Cartierville.

Gérard est le beau-frère du frère Bernard Milot, csv, un bon ami. Il m'a fait bien plaisir de revoir un ex-maître-fourreur qui ne semble pas trop en vouloir à son ex-patron.

Outremont, 1ᵉʳ mai 1994

Il pleut. Le ciel est sombre. Dans mon petit bureau, je suis installé devant la fenêtre et je relis mon journal qui est toujours le même. Toujours les mêmes phrases qui reviennent : j'ai beaucoup à faire, je n'ai pas le temps, il fait froid...

Sortir pour ma petite marche et ma méditation du dimanche matin devrait me donner de l'inspiration...

J'interromps momentanément mon travail d'écriture et j'obéis à cet appel pour l'air pur et l'exercice.

Je suis revenu, après un arrêt à l'église Sainte-Madeleine. Cette courte visite m'a permis de retrouver mon calme. Inutile de m'inquiéter : à chaque jour suffit sa peine.

Outremont, 27 mai 1994

Hier, j'ai participé au tournage d'un message publicitaire. On m'a demandé de le faire pour la télévision au bénéfice de l'Assurance Avantage 50/80 du groupe Assurvie. C'est une publicité qui doit passer au réseau TVA pendant cinq ou six semaines.

Cela me donnera un petit supplément tout à fait bienvenu. C'est surprenant comme le moral revient dès que je me sens sécurisé par un plus dans mon compte de banque.

Ottawa, 19 juin 1994

Le travail

« Le but du travail n'est pas tant de faire des objets que de faire des hommes. » (Lanza del Vasto).

Ce que je crois comprendre, c'est que la seule possibilité de relever l'économie, c'est le travail. Travail de l'artisan et celui du paysan. *« La machine enchaîne et la main délivre. »*

C'est la veille de mon anniversaire. Me voici à Ottawa, dans notre chambre de la résidence Des Châtelets. Il fait très beau et je rends grâce au Seigneur de ne pas m'être tué hier ! En voulant aider à poser une moustiquaire, je suis tombé dans l'escalier extérieur du chalet d'Annette. Je suis pas mal contusionné, ma colonne en a pris un coup; mais, je suis encore vivant, et c'est ce qui compte !

Abitibi, 26 juin 1994

Voyage en Abitibi-Témiscamingue

En dépit du fait que mes membres soient tous endoloris, je suis en voyage à la Baie James. C'est Jeanne, Marcel Routhier et Marie-Paule Rousseau qui ont organisé le voyage. J'ai écrit quelques notes qui me permettront de me rappeler les principaux points d'intérêt : dîner à Mont-Laurier, visite du monastère des Bénédictines.

Les Bénédictines nous reçoivent chaleureusement. Elles travaillent, cultivent et pratiquent le bénévolat. Elles prient et rient beaucoup, ce qui démontre qu'elles sont heureuses. C'est du moins l'impression que nous a donnée notre cousine Claire Bissonnette qui nous a embrassés tendrement !

Les cloîtrées nous reçoivent au parloir, où il n'y a plus de grille; quel changement !

Amos, 27 juin 1994

La cathédrale d'Amos est de style byzantin. Elle est bâtie sur le roc, ce qui la rend unique au monde. Complètement à l'épreuve du feu, son chauffage provient directement du plancher. Elle est entièrement payée !

J'ai admiré la construction de cet édifice. D'après moi, c'est une façon intelligente de bâtir une cathédrale; bien d'autres devraient s'en servir comme exemple.

Pikogan, 27 juin 1994

Ce petit village algonquin, qui possède une belle église en forme de tipi, m'émeut beaucoup. Des sculptures et peintures indiennes ornent les murs.

Notre jeune guide est la nièce de Roger Wild, un Indien que j'ai rencontré le 9 juin dernier à l'Institut interculturel de Montréal. Jolie et souriante, notre hôtesse nous retrempe dans l'identité et la culture autochtone, un peu comme pour donner le goût de retrouver la nature et le bois.

Après huit heures d'autobus, nous sommes arrivés à Radisson vers 19 heures et demie, et je suis pas mal fatigué ! C'est comme retrouver une oasis dans la toundra désertique.

Baie James, 28 juin 1994

Aujourd'hui, nous avons visité la Centrale LG2 qui est creusée dans le roc. C'est très impressionnant, on dirait une cathédrale.

On nous dit qu'elle produit de l'énergie propre, moins polluante que le nucléaire. C'est une belle réalisation du Québec moderne, mais je me questionne sur ce qu'elle apporte comme améliorations dans la vie des autochtones.

2 juillet 1994

Aujourd'hui, samedi, nous visitons l'église Saint-Alphonse de Liguori. Elle est tout en bois de pin teint brun et l'acoustique y est extraordinaire. Marcel Routhier a chanté un « Salve Regina » du haut du troisième jubé. Nous l'entendions mieux que s'il avait eu un micro.

Nous avons visité Chapeau, l'Île aux Allumettes, la maison Dawson et une galerie d'art animée par l'artiste David Mercer.

Dawson est un évêque anglican opulent qui est devenu riche à exporter les beaux arbres de pin blanc pour la construction des navires. Il a complètement déboisé le comté de Portneuf.

À Dundee, nous avons visité un ranch d'émeus.

Et, c'est la fin d'un voyage magnifique en autobus. Il était agrémenté de musique et d'explications touristiques et historiques par un guide originaire de la région, Marcel Routhier, qui, en plus, nous a entretenus avec des jeux récréatifs de toutes sortes !

Outremont, 23 juillet 1994

Nous voilà de retour d'un voyage de deux jours au Festival de Lanaudière.

La région de Lanaudière tient son nom de Charles Tarieu de Lanaudière. Et c'est amusant de constater qu'il y a de la parenté avec mes ancêtres de Gaspé. L'honorable Pierre-Ignace Aubert de Gaspé a marié Catherine Tarieu de Lanaudière. Leur fils Thomas de Gaspé a épousé Louise Giasson et leur fille, Catherine Louise de Gaspé a, à son tour, épousé Constant McComber qui est mon arrière-grand-père.

Nous avons passé la nuit à l'hôtel de la Montagne coupée. Il est très bien situé au faîte de la montagne et nous avons une vue magnifique sur toute la vallée. Cette entreprise touristique appartient à une famille remarquable. Monsieur Gadoury, le propriétaire, nous a raconté son histoire.

C'est son père qui a défriché la montagne et il nous a présenté cet homme extraordinaire avec beaucoup de fierté. Il a maintenant 87 ans et il est encore très vigoureux. Je lui ai demandé sa recette et il m'a répondu qu'il dort, mange peu et travaille fort de ses bras et de ses mains. J'ai tiré « au poignet » avec lui « pour le fun », assez pour constater qu'il est musclé solide ! Il dit qu'il doit sa vie à un miracle. Dans son jeune âge, il a souffert d'une péritonite. Il a passé soixante-quatre jours à l'hôpital entre la vie et la mort mais, il a finalement recouvré sa santé. C'est un peu comme une résurrection.

Son fils décide d'aller faire fortune à Montréal, puis, pris de maladie de cœur et d'ulcères d'estomac, il revient à la maison, guérit à son tour et construit ce magnifique hôtel sur cette montagne qui était encore sauvage.

Voilà l'histoire des Gadoury, celle de la réussite d'une de nos familles québécoises.

Outremont, 24 juillet 1994

C'est la paix du dimanche matin et je me pose des questions. Je me demande pourquoi je tiens tant à publier mon journal et je réalise que Jean-Paul Desbiens se pose la même question:

« Pourquoi publier un journal ? Je publie mon journal pour la raison qui m'amène à lire celui des autres, car je suis amateur de journaux. Je suis au fond de la curiosité de l'homme pour l'homme. »

Pour moi, écrire un journal c'est faire le tracé de ma vie; c'est comme des balises sur la route du passé : elles m'aident à me retrouver sur le chemin à parcourir. C'est mon passé qui reste présent et éclaire l'avenir. J'écris ce que je fais aujourd'hui, ce que je mange, ce que je vois, ce que j'entends, ce que je vis, ce dont je rêve. C'est comme si j'étais sur un immense vaisseau qui navigue en pleine mer. Je note ce qui se passe en attendant d'arriver au port. Mon journal, c'est mon présent, déjà passé, rêve d'avenir; c'est ma vie.

Outremont, 5 septembre 1994

Pour un aîné, la fête du travail n'a plus beaucoup d'intérêt. Pourtant, hier, Jeanne et moi avons eu le plaisir de souligner cette fête en compagnie de nos amis polonais. Ils célébraient le quarante-cinquième anniversaire de leur arrivée au Canada. Ils ont eu la gentillesse de nous y inviter.

J'étais tellement heureux de revoir ces hommes et ces femmes que j'ai connus alors qu'ils étaient tout jeunes. Nous nous sommes rappelé des souvenirs heureux des premiers jours qu'ils ont passés ici.

Plusieurs se souvenaient des moments vécus à la maison de Châteauguay. Ils souriaient en pensant aux descentes qu'ils faisaient en « express » (petite charrette à quatre roues que les enfants utilisaient pour tirer des charges le plus souvent pour s'amuser) jusqu'au bord de la rivière. Ils se revoyaient en train de pelleter la neige à l'entrée de la maison. Puis, ils ont parlé de l'hospitalité du Mont Thabor au 215 de la rue Roy. Ils ont dit qu'ils n'oublieront jamais les bons dîners que Jeanne préparait pour tous ceux qui avaient trouvé du travail à Châteauguay. Quelques fois, nous nous sommes retrouvés vingt autour de la table ! Nous étions une seconde famille pour eux.

J'étais ému de revoir toutes ces figures. Bien sûr, plus d'une fois il a fallu mettre un nom sur le visage, et c'est à ce prix que m'apparaissait l'enfant que j'avais jadis connu. J'avais même oublié le fait que quelques-uns avaient appris à coudre de la fourrure au magasin!

Outremont 6 septembre 1994

Les aînés sont privilégiés dans notre société. En effet, nous avons les pensions de sécurité de la vieillesse, la Régie des rentes du Québec, des soins gratuits, des foyers bien organisés pour nous accueillir. De plus, nous avons tous les avantages de la société moderne : le confort des maisons, des soins médicaux extra raffinés, des voitures à la portée de tous, la diversité et la qualité de nos mets, le travail rendu facile avec tous les outils sophistiqués à notre disposition : robots culinaires, balayeuses, sécheuses, ordinateurs, etc.

Je réalise que tout est plus beau quand je suis positif ! Il n'y a pas si longtemps, je déplorais l'impossibilité de me faire soigner à domicile. Le monde de l'action positive fait toute la différence entre être heureux ou malheureux !

Dans les clubs d'âge d'or, il y a un esprit de fraternité qui fait que nous nous retrouvons tous comme les membres d'une même famille. Nous nous connaissons tous, nous partageons les mêmes activités, ensemble, amicalement. Nous nous entraidons, nous nous saluons sur la rue, nous nous informons de l'un et de l'autre. Les aînés possèdent une force, un pouvoir qu'ils peuvent opposer aux forces de l'indifférence.

Je ne peux que trouver le temps de l'Âge d'or très beau. Il amène des plaisirs profonds qui se ressentent, même si la vie achève. Il permet d'espérer que les joies et l'amour survivront.

Montréal, 8 octobre 1994
Mariage de Geneviève et Jean-Pierre

C'est aujourd'hui une journée mémorable ! C'est le mariage de ma petite-fille Geneviève avec Jean-Pierre Champagne. Geneviève était vraiment toute belle dans sa robe de mariée. Elle est entrée fièrement dans l'église au bras de son père. Jean-Pierre s'est essuyé une larme sans trop que cela ne paraisse.

Ma petite-fille se marie et je m'imagine déjà arrière-grand-père ! Je n'ose à peine croire que tant de jours se sont écoulés depuis mon propre mariage... Des événements comme celui-là me donnent le goût de vivre.

Pourtant, actuellement, je suis peu fier de moi.

Je m'aperçois que je ne suis plus très efficace et je suis chagriné de constater comme j'en perds un peu tous les jours. Je prends une heure à accomplir ce qu'un jeune réussit en cinq minutes... Ma vue baisse, je suis de plus en plus courbé, j'ai de la difficulté à me tenir debout, je me sens attiré vers la terre où, que je le veuille ou non, c'est là que je vais aboutir...

Mais, en assistant au mariage de ma petite-fille, je me sens envahi par le désir de rester debout et actif. Je veux de tout mon cœur vivre le plus intensément possible et jouir de tout ce qui se présente à moi.

La sonnerie du téléphone interrompt ma réflexion. Momentanément, je délaisse ma plume. C'est Marcelle Décary, qui se dit enchantée de son voyage à Toronto. Elle a trouvé notre voyage tellement beau qu'elle n'en finit plus de remercier Jeanne qui sait organiser des voyages aussi magnifiques ! Elle me rappelle un à un tous les sites que nous avons visités, ainsi que quelques péripéties du voyage. C'est bon de sentir que quelqu'un est heureux et que nous avons participé à ce bonheur !

Quand je suis dans cet état, je ne peux m'ôter de l'idée que le monde s'améliore. Les jeunes recommencent à se marier; et j'ai aussi l'impression qu'on a de moins en moins recours aux actes violents pour régler les disputes. Je suis un fieffé optimiste. Je crois que le monde devient plus intelligent. C'est ce que j'ai ressenti au mariage de Geneviève : l'Esprit nous anime tous et nous unit.

SERAIT-CE LA FIN DE NOS GRANDES VILLES ?

Élevé à la campagne à Châteauguay, qui était à ce moment là un petit village de deux mille habitants, j'ai toujours considéré une ville comme un pis-aller, un milieu insalubre et bruyant où je voudrais vivre le moins possible.

J'ai passé ma jeunesse dans l'atmosphère vivifiante de la terre, au grand air, parmi les pommiers, les fraises et la rhubarbe.

Quand j'ai commencé à travailler au magasin, nous voyagions de Châteauguay à Montréal en auto en passant par Laprairie et le pont Victoria. Tout au long de la route qui serpente le fleuve Saint-Laurent, nous avons une belle vue de la ville de Montréal et, par temps clair, elle est toute recouverte d'un gros nuage gris de fumée qui n'est pas très invitant.

C'est pourquoi je considère la ville comme une anomalie, un mal nécessaire où il vaut mieux ne pas vivre.

L'industrialisation effrénée des derniers siècles est la cause du développement démesuré de nos grandes villes qui font face à des problèmes presque insolubles : surpopulation, accumulation de déchets, pollution par l'oxyde de carbone provenant des véhicules et des manufactures, circulation abominable, bruit étourdissant, obstruction des paysages par lignes d'électricité et de téléphone... et j'en passe !

Assez bizarrement, les gros édifices de quarante-six étages et plus manquent d'occupation pour la plupart. Et la vie dans ces immenses boîtes de ciment et de vitres est malsaine. On y manque d'air frais, de soleil et de verdure.

Le problème des villes est aggravé par l'immigration sous toutes ses formes. Les jeunes laissent les campagnes et viennent augmenter le nombre des chômeurs dans les grands centres urbains. La ville se meurt parce qu'elle n'a plus les ressources pour subvenir aux besoins de ses habitants qui, pour plusieurs, vivent dans la pauvreté.

Pourtant, je crois que la solution de tous ces jeunes qui chôment serait de laisser la ville étouffante et d'aller rebâtir nos campagnes. Il y a une solution dans le retour à la terre. Elle abonde de richesses; c'est une source et, avec un peu d'imagination et de capital, on peut l'exploiter avec profit.

La terre est plus généreuse pour celui qui la travaille que l'asphalte et le béton. Les campagnes connaissent encore la générosité et l'entraide !

La ville doit cesser d'être le refuge des infortunés. C'est dans les régions que reprendra la vie et que se développera ce monde nouveau que nous devons bâtir.

Beaucoup seraient peinés de finir leurs jours loin de la ville. Moi, au contraire, il me semble que ce serait une grâce du ciel de les passer à la campagne. Je crois que mon épouse, qui pourtant a été élevée et a vécu en ville toute sa vie, partage les mêmes sentiments.

Outremont, 26 décembre 1994

À la fin de l'an passé, je me disais que je ne pourrais pas supporter un autre hiver aussi rigoureux. Il me semble que la Providence a eu pitié de moi, car jusqu'à aujourd'hui, nous n'avons pas eu de froid ni de neige.

Il est 14 heures et demie. Nous arrivons de chez Geneviève qui nous avait invités à dîner à l'occasion de Noël et de la visite de sa mère. Geneviève attend un bébé pour le mois de janvier. Les événements se précipitent.

Hier, nous allions souper chez Jean et Suzanne en compagnie d'Éric et de Vincent. C'est la deuxième année que nous fêtons Noël ensemble. Nous avons fait des vœux par écrit que nous découvrirons à la même date l'an prochain. Nous avons aussi eu des échanges très sérieux sur les OVNIS, les corps célestes, les anges et les manifestations du sacré.

Cette conversation me porte à réfléchir. Une fois revenu à la maison, je me suis posé des questions. Assistons-nous à la fin DU monde ou à la fin d'UN monde ? Ne sommes-nous pas à la fin du monde industriel, la fin du plus fort, la fin du règne des armes comme source de pouvoir et d'argent ? La fin des colonisations et des dictatures, la fin du monde dominé par de grandes puissances capables de déclencher une guerre mondiale et d'utiliser des fusées nucléaires ? Finies, les années de prospérité provenant des guerres et conquêtes ! Finis, les grands empires !

Nous sommes à un tournant de l'histoire. Les pays les plus reculés du monde, grâce à la radio, la télé et l'informatique, ont maintenant accès à l'information et aux connaissances des pays avancés. Le monde est devenu le grand village de Marshall McLuhan. On apprend à échanger des services. Le tiers monde se réveille et ne veut plus être le réservoir des pays occidentaux.

Il y a de plus en plus de peuples qui ont accédé à l'état de nation. L'ONU, qui comptait au début du siècle cinquante pays membres, en compte aujourd'hui cent-quarante-et-un. L'ONU, un organisme que nous supportons de nos sous, se porte garante qu'il n'y aura plus jamais de conflits mondiaux.

Je voudrais vivre encore longtemps en ce MONDE NOUVEAU qui s'élabore, où les grands conflits de propriété et de justice ne se régleront plus par la force mais par des négociations entre hommes et pays civilisés. Je crois même qu'à l'intérieur du pays nous arriverons au temps où les divergences d'opinions entre partis ne se solutionneront plus par la rupture et la lutte de l'un contre l'autre, mais par des ententes à l'amiable. C'est un peu ce que nous, les aînés, essayons de pratiquer dans notre club d'âge d'or. Nous sommes tous différents les uns des autres et, malgré nos différences, nous essayons de marcher ensemble pour nous aider mutuellement.

Cela termine mes réflexions de fin d'année. Je ne me décourage pas. J'ai bien confiance que cette méthode de bonne entente par la négociation et le dialogue finira par l'emporter sur celle de la lutte et de la force. Je rêve, mais n'est-ce pas que Noël est un bon temps pour rêver ?

ÉPILOGUE

Je termine mon journal. Même si je suis à la fin de ma vie (sur les derniers milles, comme on dit), je ne suis pas trop stressé parce que j'ai le sentiment que la vie continue après la mort. Il me semble même que plus j'approche de la fin, plus ce sentiment s'accentue. La mort m'horrifie.

Je crains beaucoup l'angoisse et la souffrance qui précèdent la mort. Je préfère n'y pas penser et vivre comme si elle n'existait pas.

J'aime la vie, la vie présente, telle qu'elle est avec ses misères et ses beaux côtés. C'est fantastique à mon âge avancé d'assister à la naissance d'un monde nouveau, féerique, et de jouir de toutes les découvertes scientifiques en train de changer la face du monde.

Je suis né à l'époque des chevaux et des voitures ! En 1908, les femmes accouchaient à la maison et les médecins se déplaçaient pour soigner leurs patients. J'ai vécu tous les grands changements du vingtième siècle. Je me souviens des premières voitures, des premiers appareils radios, des « gramophones » et des pianos mécaniques!

Il est fascinant pour un être qui vient de « l'ancien monde » d'en voir un en voie de reconstruction. Non seulement j'espère, mais je crois fermement que le monde a passé le cap de la destruction et du gaspillage et qu'il devient conscient de la nécessité de préserver les richesses de la terre.

J'ai connu deux grandes guerres mondiales et j'ai compris que la guerre n'est pas une solution à nos maux. J'appuie fermement les écologistes et les autochtones qui mènent un combat pour la vie.

Je veux continuer de vivre pendant que la liberté existe encore, pendant qu'il est encore possible de gagner sa vie sans l'aide du gouvernement, sans que ce soit l'État qui règle chacun de mes mouvements... comme cela existe dans les états totalitaires !

Après avoir connu les durs débuts du siècle, je suis convaincu que l'époque actuelle est celle de l'âge d'or. Elle est plus douce que celle du passé. Des mesures sociales ont favorisé les gens âgés et les exclus du marché de l'emploi.

La machine allège le travail physique. Grâce à l'informatique, la science de l'industrie et des affaires a progressé. Une meilleure planification fait que l'industrie vise plus la qualité et l'utilité que la quantité. La connaissance et l'instruction sont plus répandues dans le peuple. Le nombre de gens instruits augmente considérablement et la masse se réveille et a de plus en plus voix au chapitre, ce qui favorise le développement régional et la petite industrie en général.

J'ai assisté au début des grosses usines et j'assiste à la fin de ces méga-projets qui, à cause de leurs coûts de production élevés, deviennent moins rentables. Les petits entrepreneurs peuvent fonctionner en réseau et à moindre coût.

L'individu en ce siècle occupe une plus grande place. Les droits de la personne sont mieux respectés. Il y a davantage de possibilités pour l'individu de développer ses capacités.

Les femmes prennent conscience de leur valeur et s'implantent de plus en plus dans le gouvernement du pays. Quand je suis né, elles n'avaient même pas le droit de vote !

Plus que jamais, le monde comprend que le bonheur n'est pas dans l'accumulation des richesses mais qu'il réside plutôt en chacun de nous, dans la faculté d'établir des rapports amicaux les uns avec les autres. Il s'agit d'un changement profond de valeurs et de mentalités.

Les relations entre les hommes n'ont jamais été meilleures. Des réseaux de radio et télévision tiennent les humains en communication continuelle. Ils transmettent les informations simultanément dans toutes parties du monde directement à la personne. Le monde s'assagit et tend vers une union universelle, la mondialisation, où tout sera réglementé par des lois qui normalement seront établies d'après un consensus.

Jamais dans l'histoire n'a-t-on assisté à un pareil effort d'unification par les forces de la science et de la raison. C'est l'esprit qui peu à peu l'emporte sur la matière. Dans ce domaine, il faut reconnaître le travail des anges.

Michel Serres a publié un livre magnifique que j'ai relu deux fois : *La légende des anges.* Le grand philosophe croit à l'existence des anges qui sont des esprits que l'on ne voit pas mais qui font partie de la réalité et rôdent près de nous pour nous communiquer des messages.

M. Jovanovic vient d'écrire un livre intitulé *Enquête sur l'existence des anges gardiens.* Toutes les recherches qu'il a faites prouvent au-delà de tout doute que les anges existent et que tous, tant que nous sommes, subissons leur influence bienfaisante.

Je termine mes réflexions sur cette note optimiste. Je reconnais que des anges sont à l'origine de ce monde nouveau et scientifique dans lequel nous avons le privilège de vivre et je prie que des anges de plus en plus nombreux se manifesteront dans les années à venir pour rendre ce monde encore meilleur.

Je vis mon troisième âge en confiance. Je crois fermement que les anges, qui ont si bien arrangé les choses pour moi tout au cours de ma vie, continueront de le faire jusqu'à la fin.

FIN

Table des matières

Ce livre
Mon âge d'or
de
Louis-Philippe McComber

a été achevé d'imprimer,
en avril 1998 pour
Les Éditions BERTHIAUME (1997) inc.
à Terrebonne
sur les presses de
l'Imprimerie Doublimage inc.
à Mascouche

Imprimé au Canada